KB267578

공짜로는 알 수 없는 절세 비법
병의원

공짜로는 알 수 없는 절세 비법

이주현 지음

병의원

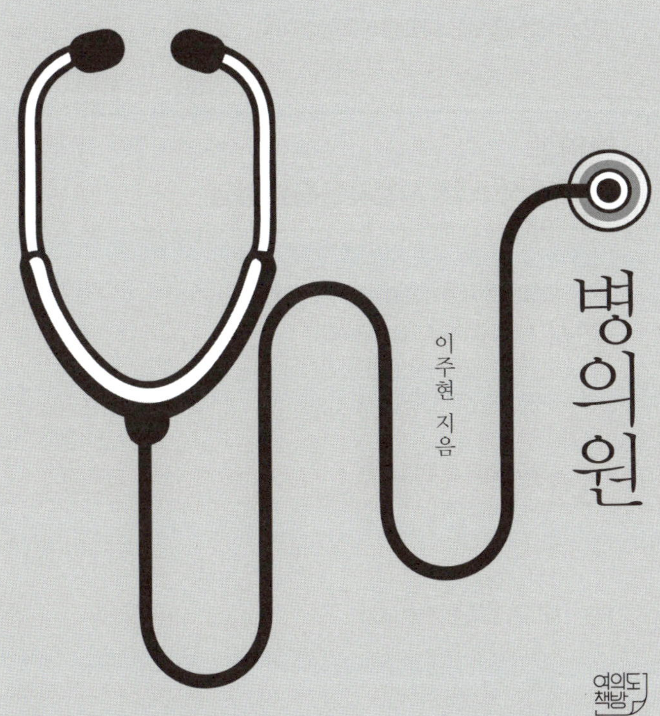

역의도
책방

PART 1
개원의 첫 스텝: 사업자등록증 발급

PART 4
병의원의 매출 관리

PART 5
의료장비 구입 및 매각

PART 7
업무용 차량 경비 처리

PART 8
병의원이 적용 가능한 세액공제

PART 11
종합소득세 납부 방법

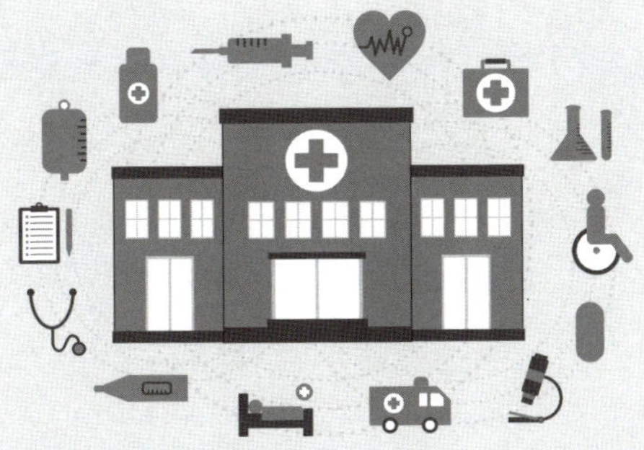

시작하며

병의원 경영의 흔들림을 막는 실전 세무 가이드

개원은 단순히 진료 공간을 마련하는 일이 아니라, 한 명의 전문의가 자신의 병원을 설계하고 운영해 나가는 새로운 시작입니다. 수련 과정에서 다져온 의학적 전문성은 그대로이지만, 병원을 열면 그 전문성이 작동하는 환경이 완전히 달라집니다. 의료와 경영이라는 두 축을 함께 고려해야 비로소 안정적인 병원 운영이 가능해집니다.

막상 개원을 준비하거나 시작하고 나면, 세금·재무·행정 업무가 의료만큼이나 중요한 역할을 한다는 사실을 실감하게 되실 겁니다. 일정 관리, 비용 구조 설정, 매출 흐름 파악, 필요한 신고와 절차 등 익숙하지 않은 영역들이 매일매일 원장님의 결정을 기다리고 있기 때문입니다. 많은 원장님들이 진료 외 시간에 낯선 업무들을 마주하며 어디서부터 정리해야 할지 막막함을 느끼곤 합니다. 이것은 처음에 누구나 겪게 되는 자연스러운 과정입니다.

이 책은 그러한 혼란 속에서 길을 찾고자 하는 개원의들을 위해 썼습니다. 병의원 운영에서 반복적으로 등장하는 핵심 개념들을 실제 사례와 함께 풀어내어, 복잡해 보이는 숫자와 제도들을 이해하기 쉬운 언어로 정리했습니다. 실무에서 바로 활용할 수 있는 원칙과 체계, 개원 초기부터 잡아야 할 기초 구조들을 담아, 경영의 큰 그림을 스스로 그릴 수 있도록 돕고자 합니다.

세무와 재무는 병원 문제의 '나중에'가 아니라, 안정적인 운영을 가능하게 하는 '기초'입니다. 처음부터 방향을 바르게 잡아두면, 병원 성장의 속도와 안정성이 크게 달라집니다. 이 책이 그 출발선에서 여러분의 부담을 덜어주고, 시행착오를 줄이는 실질적인 안내서가 되기를 바랍니다.

이제 차근차근, 병원 경영의 기초를 함께 세워보겠습니다. 여러분의 성공적인 개원과 단단한 병원 운영을 진심으로 응원합니다.

초보 원장님을 위한 세금 필수 용어 20가지

워밍업 느낌으로 먼저 읽어보시면 좋을 세금 필수 용어들입니다. 당장 이해가 안 가도 걱정하지 마세요. 본문을 모두 읽고 나면 무슨 뜻인지 확실히 알고 활용하실 수 있게 될 겁니다.

사업자등록증

국세청에 등록하여 발급받는 사업자 인증서. 세금 신고 및 사업 활동의 출발점.

사업소득

개인사업자가 벌어들인 소득의 한 종류로, 종합소득세 신고 시 포함됨.

기타소득

일시적 수입 등, 사업소득 외의 수입. (예: 일회성 강의 계약 등)

현금영수증

개인 소비자 또는 사업자에게 발급하는 소득공제 및 지출증빙 영수증. 현금 B2C 거래 시 매출을 증빙하거나, 매입을 증빙할 때 사용.

전자세금계산서

국세청에 실시간 전송되는 전자 형태의 세금계산서. B2B 거래 시 필수.

간이과세자

연 매출 1억 400만 원 미만인 소규모 사업자. 부가가치세 납부가 간편하며 세율이 낮음.

일반과세자

연 매출 1억 400만 원 이상인 사업자. 매출·매입 세액을 계산해 부가세를 신고·납부.

부가가치세(VAT)

재화·용역의 소비에 부과되는 세금(10%).

부가세 신고

1년에 2회(1월, 7월) 사업자가 부가세를 국세청에 신고하고 납부하는 절차. 면세사업자는 부가가치세 신고 의무 없음.

공급가액

부가세를 제외한 상품 또는 용역의 실제 판매 금액.

매출세액

고객에게 받은 부가가치세 금액.

매입세액

사업 활동에 필요한 물건이나 서비스 구입 시 부담한 부가세. 매출세액에서 공제 가능.

과세표준

세금을 계산하기 위한 기준이 되는 금액. 소득세·부가세 등을 부과할 때 기준이 됨.

종합소득세

1년간 벌어들인 모든 소득에 대해 부과되는 세금. 개인 사업자는 매년 5월에 신고(성실사업자는 6월에 신고).

수입금액

한 회계 기간 동안 벌어들인 총 매출. 소득세법상 여러 기준 적용에 사용됨.

필요경비

사업 운영에 필요한 비용으로, 세금 계산 시 총 수입에서 제외됨.

소득공제

과세표준에서 제외되는 금액. 종합소득세 줄이기에 중요.

원천징수

외주 인력, 프리랜서, 근로소득자 등에게 소득을 지급할 때 세금을 미리 떼고 납부하는 제도.

세액공제

산출된 세금에서 일정 금액을 직접 차감해 주는 제도. (예: 전자신고 세액공제)

가산세

세금 신고 누락, 지연 시 부과되는 벌금. 주의 필요.

PART 1

개원의 첫 스텝 : 사업자등록증 발급

예비 원장님들이 개원 준비 시에 제일 먼저 진행해야 하는 세무적·행정적 절차는 바로 사업자등록증 발급입니다. 사업자등록증은 병의원 운영의 시작점이자, 이후 모든 세무 및 행정 업무의 기초가 되는 중요한 서류입니다. 지금부터 사업자등록증 발급 절차에 대해 상세히 알아보겠습니다.

의료기관 사업자등록 절차

1단계: 의료기관 개설신고/허가(관할 보건소)

의료기관을 개설하기 위해서는 먼저 관할 보건소에 개설신고 또는 허가를 받아야 합니다. 이는 의료법에 따른 필수 절차이며, 다음 사항들을 확인받아야 합니다.

건물 용도 확인

- 해당 건물이 의료시설 개설이 가능한 용도인지 확인
- 건축물대장상 용도가 의료시설 설치 가능 용도인지 검토
- 상가의 경우 근린생활시설 또는 업무시설 용도

확인 필요

- 주거용 건물의 경우 용도 변경이 필요할 수 있음
- 용도지역, 용도지구 관련 규제 사항 확인

시설 규격 확인

- 의료법 시행 규칙에서 정한 시설 기준 충족 여부
- 진료실, 대기실, 처치실 등 필수 공간 확보
- 최소 면적 요건 충족(의원급의 경우 진료 과목에 따라 상이)
- 환기, 채광, 방음 등 환경 기준 충족
- 장애인 편의시설 설치 여부(해당되는 경우)
- 의료폐기물 보관 장소 확보
- 소방시설 기준 충족 여부

의료 장비 구비

- 진료 과목별 필수 의료 장비 목록 확인
- 의료기기법에 따른 적법한 장비 구입
- 장비의 안전성 및 성능 검증
- 멸균소독 관련 장비 구비
- 응급처치 장비 구비

2단계: 사업자등록 신청(관할 세무서)

의료기관 개설신고를 마치면 이제 세무서에 사업자등록을 신청해야 합니다.

신청 방법

- 방문 신청: 사업장 관할 세무서 민원실 방문
- 온라인 신청: 국세청 홈택스(www.hometax.go.kr)를 통한 신청
- 대리 신청: 세무 대리인을 통한 대리 신청도 가능

홈택스에서 사업자등록 신청하기

홈택스 접속 → 증명·등록·신청 → 사업자등록 신청·정정·휴폐업 → 사업자등록 신청

처리 기간

- 신청 후 2일 이내 처리 완료

◦ 보완이 필요한 경우 발급기한 5일 이내 연장 가능
◦ 온라인 신청 시 처리 과정 실시간 확인 가능

3단계: 사업자등록증 발급

수령 방법

◦ 세무서 방문 직접 수령
◦ 우편 수령 선택 가능
◦ 온라인 신청 시 전자문서로도 수령 가능
◦ 필요시 사업자등록증명원 추가 발급 가능

사업자등록 전 준비 사항

필수 구비 서류

사업자등록신청서

○ 국세청 홈택스에서 다운로드 또는 세무서에서 수령
○ 사업장 소재지, 상호명, 업종코드 등 정확히 기재
○ 업종코드는 의원(851)으로 선택
○ 개업일자는 실제 진료 개시일로 기재

면허증 사본

○ 의사면허증, 치과의사면허증, 한의사면허증 등
○ 해당 진료 과목에 맞는 전문의 자격증(해당되는 경우)

○ 면허증의 유효성 확인 필요

○ 면허 정지 또는 취소 이력이 없어야 함

임대차계약서 사본(사업장을 임차한 경우)

○ 계약 당사자 성명, 보증금, 월세, 계약 기간 명시

○ 임대인과 임차인의 인적사항 확인

○ 확정일자 날인 여부 확인

○ 전대차계약인 경우 원임대인의 동의서 필요

의료기관 개설신고(허가)증 사본

○ 보건소에서 발급받은 개설신고필증

○ 개설자 명의와 사업자등록 신청자 명의가 일치하
  는지 확인

신분증

○ 주민등록증 또는 운전면허증

○ 여권도 가능

○ 외국인인 경우 외국인등록증 또는 국내거소신고
  증

중요 주의사항

여기서 주의해야 할 사항은 의료기관 개설신고증입니다. 원칙적으로 사업자등록 시 반드시 의료기관개설신고필증이 있어야 사업자등록이 가능합니다. 하지만 실무적으로는 이 필증이 없더라도 의료기관개설신청서 사본이나 사업계획서 등을 대신 제출하는 경우 사업자등록증을 발급받을 수 있습니다.

다만 이는 관할 세무서의 재량 사항이므로, 반드시 사전에 관할 세무서에 문의하여 확인하는 것이 필요합니다. 일부 세무서에서는 엄격하게 적용하여 개설신고필증 없이는 사업자등록을 허용하지 않는 경우도 있으므로, 개원 일정을 고려하여 미리 확인하고 준비하는 것이 중요합니다.

사업자등록 후 후속 조치

사업자등록 사실 통지

○ 사업자등록 후 건강보험공단에 자동 통지

○ 요양기관 지정 신청 준비

○ 건강보험 청구 시스템 등록 진행

통장 개설

○ 사업자 명의 통장 개설

○ 세금계산서 발행 관련 계좌 등록

○ 건강보험 청구 입금 계좌 등록

세금 관련 신고

- 부가가치세 신고 대상 여부 확인: 의료 용역은 기본적으로 부가가치세 면세 대상이므로, 사업자가 면세사업자에 해당하는지 확인해야 합니다.
- 원천징수 의무자 등록: 직원을 고용하여 급여를 지급하는 경우, 급여에서 세금을 원천징수하고 대신 신고 납부해야 하는 원천징수 의무자로 등록해야 합니다.
- 직원 채용 시 4대보험 가입 신고: 직원을 채용하면 반드시 4대보험(국민연금, 건강보험, 고용보험, 산재보험)에 가입 신고를 해야 합니다.

PART 2

개원 자금 조달 방식

개원 자금은 병의원 개설의 가장 현실적이고 중요한 문제입니다. 자금 조달 방식에 따라 크게 자기 자본과 타인 자본으로 구분할 수 있습니다. 이번 장에서는 자기 자본으로 개원하는 것이 유리한지, 타인 자본으로 개원하는 것이 유리한지 면밀히 살펴보고자 합니다.

자기 자본 개원의 장단점

재무적 장점

비용 절감 효과

- 대출 이자 부담 없음: 연간 수백만 원에서 수천만 원의 이자비용 절감
- 원금 상환 부담 없음: 매월 고정적인 대출 상환 부담이 없어 현금흐름 안정
- 금리 변동 위험 없음: 향후 금리 상승에 따른 이자 부담 증가를 걱정할 필요 없음
- 각종 금융수수료 절감: 중도상환수수료, 대출취급수수료 등 부대비용 없음
- 신용보증료 불필요: 신용보증기금 보증료 부담 없음(연 0.5~1.5%)

수익성 향상

○ 월 고정비용 감소로 인한 순이익 증가: 이자 및 원금 상환액만큼 순이익 증가

○ 손익분기점 하향 조정: 고정비용 감소로 손익분기점 매출이 낮아짐

○ 초기 적자 기간 견딜 수 있는 여유 확보: 개원 초기 환자 수가 적어도 버틸 수 있는 힘

○ 추후 필요시 추가 대출 여력 확보: 부채 비율이 낮아 필요시 차입 용이

운영상 장점

경영 자율성 확보

○ 대출기관 간섭 없는 자율적 의사 결정: 경영 전반에 대한 독립적 판단 가능

○ 투자 및 지출 계획의 유연성: 필요한 장비나 시설에 자유롭게 투자

○ 수익성 낮은 진료 과목도 선택 가능: 단기 수익보다 장기적 관점의 진료 가능

○ 진료 철학에 맞는 운영 가능: 상업적 압박 없이 환자 중심 진료 실현

심리적 안정성

- 채무 상환 스트레스 없음: 매월 대출 상환에 대한 심리적 부담 해소
- 안정적인 진료 집중 가능: 재무적 압박 없이 진료에만 집중
- 무리한 수익 추구 필요성 감소: 과잉 진료 유혹으로부터 자유로움
- 장기적 관점의 진료 가능: 단기 수익보다 환자와의 신뢰 관계 구축에 집중

자기 자본 개원의 단점

기회비용 발생

- 투자한 자본을 다른 곳에 활용할 기회 상실
- 부동산, 주식 등 다른 투자 수단 대비 수익률 비교 필요
- 자산 포트폴리오의 다양성 감소

초기 투자 규모 제한

- 보유 자금 범위 내에서만 개원 가능
- 최적의 입지나 시설에 투자하지 못할 가능성

○ 단계적 확장 필요시 추가 자금 조달 필요

자기 자본 개원 시 주의사항

자기 자본으로 개원 시에는 다음과 같은 사항들을 반드시 고려해야 합니다.

자금 출처 증빙

자금 출처에 대한 명확한 증거가 필요합니다.

○ 급여소득자의 경우: 원천징수영수증, 통장 입금 내역
○ 사업소득자의 경우: 종합소득세 신고 내역, 사업장 통장 내역
○ 예금 및 적금: 금융기관 거래 내역서
○ 부동산 매각 대금: 부동산 매매계약서, 양도소득세 신고서
○ 상속 또는 증여: 상속세 또는 증여세 신고서
○ 대출 상환 내역: 대출 상환 증빙서류

증여세 신고

특수관계자(부모, 배우자 등)에게 증여를 받았을 경우 증여세 신고가 필수입니다.

○ 증여세 신고 기한: 증여받은 날이 속하는 달의 말일로부터 3개월 이내

○ 증여재산공제
• 배우자: 6억 원
• 직계존속(부모): 5,000만 원(미성년자 2,000만 원)
• 직계비속(자녀): 5,000만 원
• 기타 친족: 1,000만 원

○ 증여세율(2025년 기준)
• 1억 원 이하: 10%
• 1억 원 초과 5억 원 이하: 20%
• 5억 원 초과 10억 원 이하: 30%
• 10억 원 초과 30억 원 이하: 40%
• 30억 원 초과: 50%

차용 증빙

만약 부모님 등으로부터 차용한 경우라면 다음 사

항을 반드시 지켜야 합니다.

◦ 금전소비대차계약서 작성
◦ 적정 이자율 적용(시중 금리 수준)
◦ 정기적인 이자 및 원금 상환 내역 유지
◦ 상환 계획 수립 및 이행

세무조사 대비

◦ 모든 자금 이동 내역 보관
◦ 통장 거래 내역 최소 10년 보관
◦ 계약서, 영수증 등 증빙 자료 철저히 보관
◦ 필요시 세무사와 사전 상담

타인 자본 개원의 장단점

재무적 장점

자본 활용의 유연성

- 개인자산 보존 가능: 예비 자금, 생활 자금 등 유동성 자산 보존
- 투자 자금의 즉시 조달 가능: 필요한 시점에 필요한 만큼 자금 조달
- 초기 대규모 투자 실현 가능: 최적의 입지, 최신 장비 등 대규모 투자 가능
- 세금 절감 효과: 이자비용 손금산입으로 세금 절감

레버리지 효과

- 적은 자기 자본으로 대규모 개원 가능: 자본의 효율적 활용
- 수익성 향상 시 자기 자본수익률(ROE) 증대: 타인 자본 활용으로 ROE 극대화
- 인플레이션 시기에 실질 부채 가치 감소: 화폐 가치 하락 시 실질 부채 부담 감소
- 규모의 경제 실현 가능: 충분한 시설과 장비 투자로 효율성 향상

타인 자본 개원의 단점

재무적 부담

- 매월 고정적인 이자 및 원금 상환 부담
- 금리 상승 위험 존재
- 초기 현금흐름 악화 가능성

경영상 제약

- 수익성 압박으로 인한 스트레스
- 단기 수익 추구의 유혹
- 재무 건전성 관리 필요

실제 계산 사례: 자기 자본 vs. 타인 자본

대부분의 원장님들이 개원 시에 닥터론을 활용하여 개업 자금으로 활용합니다. 그리고 이자비용에 대한 세금 절세 효과까지 고려하면 닥터론 활용(타인 자본으로 개업)이 유리하다고 생각합니다. 하지만 이것에 대해 면밀히 살펴볼 필요가 있습니다.

만약 3억 원이라는 개원 자금이 필요하다고 가정해 봅시다.

2025년 11월 현재 시중에 KEB하나은행 닥터론 이자율이 5.980%로 고시되었으니 이 이자율을 기준으로 가정하고, 개원 원장님의 부담 세율을 다음과 같이 가정합니다.

국세	38%
지방세	3.8%
건강보험료율	약 7%
합계	약 48.8%

연간 비용 계산

- 3억 원에 대한 연간 이자비용: 300,000,000원 × 5.980%=17,940,000원

- 이자비용에 대한 절세 효과: 17,940,000원 × 48.8%=8,754,720원
- 실제 부담 비용: 17,940,000원-8,754,720원 =9,185,280원

실질 금리 계산

- 9,185,280원÷300,000,000원=3.06%

결론적으로 3억 원에 대해 약 3% 정도의 실질 비용이 나간다고 생각하면 됩니다.

의사 결정 기준

따라서 3% 이상의 수익을 얻을 수 있는 재테크 수단이 있으면 타인 자본으로 활용하는 것이 유리하지만, 그렇지 않으면 자기 자본으로 개원하는 것이 유리할 수 있습니다.

예를 들면 다음과 같습니다.

- 연 4% 수익률의 안전한 투자처가 있다면: 타인 자본 유리(4%-3%=1% 추가 수익)
- 연 2% 수익률만 기대된다면: 자기 자본 유리(3%-2%=1% 손실 방지)

개원 자금 형태 선택 시 종합 고려 사항

개인별 상황 분석

- 현재 보유 자산 규모
- 향후 소득 전망
- 가족 구성원 및 부양 의무
- 위험 감수 성향
- 다른 투자 기회

시장 환경 분석

- 현재 금리 수준 및 향후 전망
- 의료 시장 전망

◦지역별 경쟁 환경
◦부동산 시장 동향

세무 계획

◦절세 효과 분석
◦자금 출처 조사 대비
◦증여세 최적화 방안
◦향후 상속 계획

최적 해법

실무적으로는 자기 자본과 타인 자본을 적절히 혼합하는 것이 가장 바람직합니다.

예를 들어 총 개원 자금 5억 원 필요시 자기 자본 2억 원(40%), 타인 자본 3억 원(60%)으로 하는 것입니다. 이렇게 하면 이자 부담은 줄이면서, 자금 출처 증빙 부담도 완화하고 적정한 레버리지 효과를 활용해 재무적 안정성을 확보할 수 있습니다.

PART 3

병의원 건물 임차 시 필수 체킹 항목

예비 개원 원장님들께서는 처음 개원 시에 대부분 상가를 임차하여 개원을 진행하십니다. 따라서 이번 장에서는 건물임차 시 반드시 체크해야 할 항목들을 상세히 살펴보겠습니다. 부동산 임차는 개원 성패를 좌우하는 중요한 결정이므로, 철저한 검토가 필요합니다.

개원 시
확정일자 받기

확정일자의 중요성

확정일자를 받으면 임차인은 전세금 반환 시 일반 채권자보다 우선순위를 가지게 되어, 주택 또는 상가가 경매나 공매로 넘어가더라도 전세보증금을 안전하게 돌려받을 가능성이 높아집니다.

확정일자 받는 방법

- 관할 주민센터(동사무소) 방문
- 임대차계약서 원본 지참
- 당일 즉시 날인 가능

○ 수수료 없음

확정일자 효력 발생 요건

① 건물 인도(실제 점유), ② 사업자등록 또는 주민등록 전입, ③ 확정일자 날인. 이 세 가지가 모두 충족되어야 대항력과 우선변제권이 발생합니다.

지역별 보호한도액(2025년 1월 기준)

확정일자로 보호받는 보증금의 한도는 지역과 시기에 따라 다릅니다. 2025년 1월 기준으로 주요 지역의 보호 한도는 다음과 같습니다.

① 서울특별시

○ 보호한도액: 2억 1,000만 원
○ 최우선변제금: 4,500만 원
○ 적용 지역: 서울시 전 지역

② 수도권 과밀억제권역(인천광역시, 경기도 일부)

○ 보호한도액: 1억 8,000만 원

○ 최우선변제금: 4,000만 원

○ 적용 지역: 인천시, 의정부시, 구리시, 남양주시, 하남시, 고양시, 수원시, 성남시, 안양시, 부천시, 광명시, 과천시, 의왕시, 군포시, 시흥시

③ 광역시 및 경기도 기타지역

○ 보호한도액: 1억 5,000만 원

○ 최우선변제금: 3,500만 원

○ 적용 지역: 부산, 대구, 광주, 대전, 울산 및 경기도 기타 시 · 군

④ 그 외 지역

○ 보호한도액: 1억 2,000만 원

○ 최우선변제금: 3,000만 원

○ 적용 지역: 기타 전국 시 · 군

중요한 주의사항

보호한도액 초과분

◦ 보호한도액을 초과하는 보증금은 일반 채권으로
  취급됨
◦ 초과분은 경매 시 후순위로 배당
◦ 회수가 어려울 가능성이 높음

초과분 보호 방법

◦ 전세권설정 등기
◦ 보증보험 가입
◦ 임대인과 협의하여 보증금 조정

최우선변제권

◦ 최우선변제권을 얻기 위해서는 건물인도, 사업자
  등록, 확정일자가 모두 필요
◦ 다른 담보권자보다 우선하여 변제받을 수 있는
  금액 확보
◦ 경매 시 가장 먼저 배당받음

병의원 전세권 설정

수도권에 개업을 할 경우 보증금의 금액이 크기 때문에 확정일자로 보호를 받지 못할 경우가 대다수이며, 이럴 경우 전세권설정 등기 절차를 거쳐야지만 본인의 보증금을 보호받을 수 있습니다.

전세권설정 등기의 장점

물권적 효력

○ 제3자에게도 대항 가능
○ 보증금 전액 보호 가능
○ 저당권과 동일한 효력

우선변제권 확보

- 등기 순위에 따른 우선순위 확보
- 선순위 채권자가 없다면 전액 보호
- 경매 시 배당 우선순위 명확

임대차 존속 보장

- 소유권이 이전되어도 임대차 관계 유지
- 새로운 소유자에게도 대항 가능

전세권설정 등기 절차

사전 준비

- 임대인 동의 필수
- 선순위 저당권자 동의 필요(저당권이 있는 경우)
- 등기 비용 부담 협의

필요 서류

- 전세권설정계약서
- 임대인의 인감증명서
- 등기권리증 또는 등기필정보
- 건물 등기사항증명서

- 토지 등기사항증명서
- 임차인 신분증 및 인감증명서

등기 신청

- 관할 등기소 방문 또는 온라인 신청
- 법무사 대행 가능

비용

- 등록세: 보증금의 0.2%
- 교육세: 등록세의 20%
- 법무사 수수료: 30~50만 원

전세권설정 시 주의사항

임대인 동의 필요

- 임대인이 거부할 경우 설정 불가
- 계약 시 사전 협의 필수
- 동의 대가로 추가 비용 요구 가능성

선순위 저당권 확인 필수

- 선순위 저당권 금액 확인

○저당권 금액이 보증금보다 크면 의미 없음
○등기부등본으로 반드시 확인

등기 완료 전까지 보증금 지급 보류 권장

○전액 지급 후 등기 거부 위험
○단계적 지급 협의
○등기 완료 후 잔금 지급

건물임차 전 필수 확인 사항

등기부등본 확인(필수 중의 필수)

건물과 토지의 등기부등본을 모두 발급받아 다음 사항을 확인해야 합니다.

표제부 확인 사항

- 건물 소재지 정확한지 확인
- 건물 구조 및 면적 확인
- 건축 연도 확인

갑구 확인 사항(소유권 관련)

- 현 소유자가 임대인과 일치하는지 확인
- 소유권 이전 내역(잦은 소유권 변동은 주의 신호)

- 가압류, 가처분, 경매개시결정 등 권리 제한 여부
- 예고등기, 소유권이전청구권 가등기 등

을구 확인 사항(저당권 등 담보권 관련)

- 저당권 설정 여부 및 채권액
- 근저당권 설정 금액(대출 금액)
- 전세권 설정 내역
- 지상권, 지역권 등 기타 권리 설정
- 임차권 등기 여부

등기부등본 분석 시 주의사항

위험 신호들

- 근저당권 설정액이 시세의 80% 이상: 경매 시 보증금 회수 어려움
- 최근 가압류나 가처분 등기: 임대인의 재정 상태 불안정
- 잦은 소유권 이전: 투기 목적이거나 문제가 있는 물건
- 다수의 전세권 설정: 선순위 임차인이 많아 위험
- 경매개시결정 등기: 즉시 계약 중단

안전한 물건의 특징

- 근저당권이 없거나 금액이 적음
- 소유 기간이 오래된 건물주
- 깨끗한 권리 관계
- 선순위 임차인이 없거나 적음

건축물대장 확인

건축물대장은 건물의 물리적 상태와 용도를 확인하는 중요한 서류입니다. 건축물대장에서 반드시 확인해야 할 사항들은 다음과 같습니다.

용도

의료시설 개설 가능 용도인지 확인해야 합니다.

- 1종 근린생활시설: 소규모 의원 가능
- 2종 근린생활시설: 일반 의원 가능
- 업무시설: 대형 병원 가능
- 주거용 건물: 용도 변경 필요

면적

- 전용면적과 공용면적 구분
- 실제 사용 가능한 면적 확인
- 의료법상 최소 면적 요건을 충족하는지 확인

건축 연도

- 노후 건물은 리모델링 비용 추가
- 내진설계 여부 확인
- 석면 사용 여부 확인(2009년 이전 건물)

주차장

- 법정 주차 대수 확보 여부
- 환자용 주차 가능 여부

불법 증축

- 건축물대장과 실제 건물 일치 여부
- 불법 증축 부분은 철거 위험

건물주(임대인) 신원 확인

필수 확인 사항

○ 등기부상 소유자와 임대인이 일치하는지 확인
○ 대리인일 경우 위임장 및 인감증명서 확인
○ 건물주 신분증 사본 확보
○ 연락처 및 실제 거주지 확인

건물주 재정 상태 파악

○ 다른 부동산 보유 현황
○ 대출 상환 능력
○ 신용 상태(가능한 범위 내에 최대한 확인)
○ 임대 목적(단순 임대 수익인지, 급전 마련인지)

선순위 임차인 확인

확인 방법

○ 등기부등본의 전세권 설정 내역
○ 건물주에게 직접 질문
○ 관할 동사무소에서 확정일자 부여 내역 조회(건물
주의 동의 필요)

○ 이웃 상가에 문의

위험 평가 요소

○ 선순위 임차인 보증금 합계: 해당 건물이나 주택에 이미 거주하고 있는 선순위(우선순위가 앞서는) 임차인들의 보증금을 모두 더한 금액을 의미합니다. 이 금액은 추후에 건물이 경매로 넘어가거나 문제가 생겼을 때, 임차인들 중 누가 먼저 보증금을 돌려받을 수 있는지에 영향을 주며, 뒤에 들어오는 임차인의 보증금 회수 가능성에 중요한 기준이 됩니다.

○ 본인 보증금 포함 총 임차보증금: 기존 선순위 임차인들의 보증금에 본인이 새로 계약하려는 보증금까지 더한 금액을 말합니다. 즉, 건물 전체에 설정될 임차보증금의 총 규모를 의미하며, 이는 건물 가치 대비 보증금이 과다한지 여부를 판단하는 기준이 됩니다.

○ 건물 시세 대비 임차보증금 비율: 건물의 현재 시세(매매가 추정치)에 비해 전체 임차보증금이 차지하는 비중을 뜻합니다. 이 비율이 높을수록 건물 가격에 비해 보증금이 과도하게 걸려 있다는 뜻이며, 경매 등 비정상 상황 발생 시 보증금을 온전

히 돌려받지 못할 위험이 커집니다.

○ 경매 시 배당 가능 금액 예상: 만약 해당 건물이 경매로 넘어간다고 가정했을 때, 낙찰가에서 각종 권리와 비용을 제외하고 임차인에게 실제로 배당될 것으로 예상되는 금액입니다. 이 금액이 본인의 보증금보다 적다면, 경매 시 보증금 손실 위험이 존재한다는 의미입니다.

안전 기준

'선순위 보증금+본인 보증금'이 건물 시세의 60% 이하일 때 안전하다고 볼 수 있습니다.

임대차계약서 작성 시 주의사항

계약서 필수 기재 사항

○ 당사자 인적사항(주민등록번호 포함)
○ 목적물의 표시(정확한 주소, 층수, 호수)
○ 보증금 및 월세 금액
○ 계약 기간(시작일과 종료일)
○ 특약 사항

계약금, 중도금, 잔금 지급 시기

- 계약금: 계약 체결 시(보증금의 10%)
- 중도금: 전세권설정등기 완료 시(보증금의 40%)
- 잔금: 건물 인도 및 열쇠 수령 시(보증금의 50%)

지급 시 주의사항

- 모든 금액은 계좌이체로 하고 영수증 보관
- 현금 지급 시 반드시 영수증 또는 확인서 받기
- 잔금은 등기부등본 재확인 후 지급
- 가능하면 법무사 입회하에 진행

> **TIP** **중요한 특약 사항 예시**
>
> 1. 임대인은 임차인이 의료기관을 개설·운영하는 것에 동의한다.
> 2. 임차인은 의료기관 개설을 위한 인테리어 공사를 할 수 있으며, 원상복구 의무는 쌍방 협의로 정한다.
> 3. 임대인은 임대차 기간 중 목적물을 제3자에게 양도하는 경우, 임차인에게 우선 통보하고, 신소유자에게 본 계약의 승계를 조건으로 한다.
> 4. 임대인은 계약 체결일로부터 7일 이내에 전세권설정등기에 협조한다.

5. 계약 기간 만료 시 임차인이 원하는 경우 2년 단위로 자동 갱신한다. (단, 임대인은 6개월 전 서면 통지로 거절 가능)

6. 보증금 반환 시기는 임차인의 이사 완료 및 목적물 인도일로부터 7일 이내로 한다.

건물 및 시설 상태 점검 리스트

임대 또는 구매를 결정하기 전에 건물의 구조적 안전성과 각종 시설의 상태를 종합적으로 확인하기 위해 다음 사항들을 기본적으로 점검해야 합니다.

구조적 안전성

- 균열, 누수 흔적 확인
- 기둥, 보 상태 점검
- 외벽 타일 탈락 위험
- 지반 침하 여부

전기 시설

- 전기 용량 확인(의료장비 사용 가능 여부)

○ 전기 배선 상태
○ 분전반 위치 및 상태
○ 누전차단기 작동 여부

배관 및 급배수

○ 상하수도 배관 상태
○ 수압 확인
○ 배수 상태 점검
○ 화장실 위치 및 개수

냉난방 시설

○ 냉난방 방식(개별/중앙)
○ 에어컨 설치 가능 여부
○ 겨울철 난방 효율
○ 여름철 냉방 효율

환기 및 채광

○ 자연 환기 가능 여부
○ 창문 크기 및 위치
○ 자연 채광 정도
○ 환기구 위치

방음 및 방수

○ 층간 소음 정도
○ 외부 소음 정도
○ 방음 시설 필요 여부
○ 방수 상태

임대료 및 관리비 협상

임대료와 관리비는 고정된 비용이 아닙니다. 효율적인 협상을 위해 사전 조사가 필요하며 관리비 항목도 정확히 확인해야 합니다.

시세 조사

○ 주변 유사 물건 임대료 비교
○ 면적당 단가 계산
○ 권리금 시세 파악
○ 프리미엄 요인 분석

협상 전략

○ 장기 계약 시 임대료 인하 요청
○ 초기 몇 개월 임대료 감면 협상

○ 인테리어 비용 일부 지원 요청
○ 관리비 상한선 설정

관리비 항목 확인

○ 관리비 포함 항목 상세 확인
○ 개별 사용료(전기, 수도, 가스)
○ 공용 관리비
○ 예상 월 관리비 총액
○ 관리비 인상률 제한 조항

권리금 관련 숙지 사항

권리금은 새로운 임차인이 기존 임차인(또는 임대인)에게 장소의 입지, 시설, 고객 기반, 영업 노하우 등에서 오는 이익을 승계받는 대가로 지급하는 금액을 말합니다. 권리금의 종류와 지급 시 유의할 점, 회수에 대한 법적 보호 범위를 간단히 정리해 보겠습니다.

권리금의 종류

○ 바닥권리금: 입지, 상권에 대한 프리미엄

◦ 시설권리금: 인테리어, 집기비품 가치

◦ 영업권리금: 기존 영업의 가치(병의원은 해당 없음)

권리금 지급 시 주의사항

권리금은 법적 보호가 제한적이어서 계약서에 명시하더라도 회수가 불확실하므로, 가능하면 권리금을 최소화하고 필요 시 권리금 대신 시설 양수 형태로 계약하는 것이 안전합니다.

권리금 대신 시설 양수 형태로 계약한다는 것은 권리금이라는 명목으로 돈을 주는 대신, 기존 임차인이 투자해 놓은 인테리어·장비·집기 등을 '시설 매매' 형태로 사오는 방식으로 계약한다는 뜻입니다.

권리금 회수 보호

상가건물 임대차보호법은 임차인의 권리금 회수 기회를 보호하도록 규정하고 있으며, 임대인은 새로운 임차인과의 계약 체결을 부당하게 방해할 수 없습니다. 만약 임대인의 방해로 임차인이 권리금을 회수하지 못한 경우, 손해배상을 청구할 수 있습니다. 다만 보호 범위와 요건이 법으로 정해져 있어 실제 적용 시에는 관련 조건을 충족해야 합니다.

서류 확인

☐ 등기부등본(건물, 토지 모두)

☐ 건축물대장

☐ 토지대장

☐ 임대인 신분증 사본

☐ 임대인 인감증명서

☐ 건물 등기권리증 사본

☐ 선순위 임차인 현황

현장 확인

☐ 건물 외관 상태

☐ 실내 상태

☐ 전기 용량

☐ 급배수 상태

☐ 주차 가능 여부

☐ 주변 환경

재무 확인

- ☐ 보증금 조달 계획
- ☐ 전세권설정 가능 여부
- ☐ 임대료 적정성
- ☐ 관리비 수준
- ☐ 권리금 적정성

법률 확인

- ☐ 의료기관 개설 가능 용도
- ☐ 용도변경 필요 여부
- ☐ 건축법규 위반 사항
- ☐ 소방시설 기준 충족
- ☐ 장애인 편의시설 의무

차후 임대차 관련 분쟁을 예방하기 위해서는 다음과 같은 사항들을 꼼꼼히 확인해야 합니다.

명확한 계약서 작성

- 모호한 표현 지양
- 구체적 수치와 기한 명시
- 특약 사항 상세 기재
- 쌍방 서명날인 및 사본 보관

증빙자료 철저히 보관

- 모든 금전 거래 내역
- 문자, 이메일 등 대화 기록
- 사진, 동영상 등 시각 자료
- 계약 관련 모든 서류

정기적 소통

- 임대인과 정기적 소통
- 문제 발생 시 즉시 통보
- 서면으로 기록 남기기

개원 입지 선정의 중요성

건물 임차에 앞서, 어떤 입지를 선택할 것인가는 개원 성공을 좌우하는 가장 핵심적이고 중요한 요소입니다. 입지 선정은 단순히 물리적 위치를 결정하는 것을 넘어서 향후 환자 유입량, 접근성, 주변 상권과의 시너지, 장기적인 수익성과 경영 안정성에 직접적인 영향을 미치는 전략적 의사 결정입니다. 따라서 다각도의 요소들을 면밀히 검토하고 평가하는 과정이 반드시 필요합니다.

입지 선정 기본 원칙

3A 원칙

- 접근성(Accessibility): 환자가 쉽게 찾아올 수 있는가
- 흡인력(Attraction): 환자를 끌어들일 수 있는 요인이 있는가
- 구매력(Ability): 주변 거주민의 경제적 수준은 적정한가

진료 과목별 적합 입지

내과, 가정의학과

- 주거 밀집 지역
- 고령 인구 비율 높은 지역
- 접근성이 가장 중요
- 1층 선호

정형외과, 재활의학과

- 주거 지역 또는 업무 지역
- 주차 편의성 중요
- 물리치료 공간 확보 가능 면적

피부과, 성형외과

○ 상업 지역, 역세권

○ 젊은 층 유동인구 많은 곳

○ 브랜드 이미지 중요

소아청소년과

○ 신혼부부, 젊은 가족이 많은 신도시

○ 어린이집, 유치원 밀집 지역

○ 주차장 필수

치과

○ 업무 지역 또는 상업 지역

○ 직장인 타깃 가능

○ 야간 진료 고려

한의원

○ 주거 지역

○ 중장년층 밀집 지역

○ 경쟁 병의원과 시너지 가능

지금까지 건물 임차 시 필수 체크 항목들을 상세히 살펴보았습니다. 개원은 원장님 인생의 중요한 결정이므로, 충분한 시간을 가지고 꼼꼼히 검토하시기 바랍니다. 필요하다면 부동산 전문가, 법무사, 세무사 등 전문가의 도움을 받는 것도 좋은 방법입니다.

> **TIP 입지 분석 체크리스트**
>
> **인구 특성**
>
> ☐ 배후 인구 규모(반경 1km 내)
> ☐ 연령대 분포
> ☐ 가구 소득 수준
> ☐ 인구 증감 추세
>
> **접근성**
>
> ☐ 도보 5분 내 대중교통
> ☐ 주차 가능 대수
> ☐ 가시성(간판 노출도)
> ☐ 1층 또는 저층 여부

경쟁 환경

☐ 동일 진료 과목 병의원 수

☐ 경쟁 병의원 규모 및 평판

☐ 시장 포화도

상권 특성

☐ 주거 상권 vs. 업무 상권

☐ 유동인구 규모

☐ 주변 시설(학교, 관공서 등)

☐ 향후 개발 계획

PART 4

병의원의
매출 관리

병의원 매출은 크게 건강보험공단에 청구하는 보험매출과 환자가 100% 부담하는 비보험매출로 나뉩니다. 이러한 매출 구조를 정확히 이해하는 것은 효율적인 병의원 운영의 첫걸음입니다.

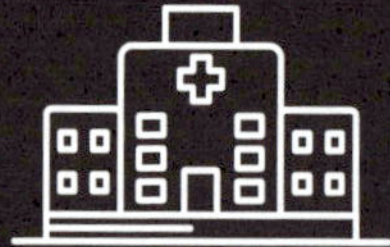

매출의 수입 인식 시기

매출에서 가장 중요한 것은 바로 수입 인식 시기입니다. 많은 원장님들이 실제 입금일을 기준으로 매출을 인식하는 실수를 범하는데, 이는 세법상 잘못된 처리입니다.

수입 인식 예시

예를 들어 12월에 진료를 하여 공단에 다음 해 1월 20일 청구하고, 다음 해 2월에 공단에서 청구금액이 입금되었다고 가정해 보겠습니다.

○ 진료 시점: 12월

◦공단 청구일: 다음 해 1월 20일
◦입금일: 다음 해 2월

이 경우 언제 매출로 인식해야 할까요?

소득세법 시행령 제48조 제8항에 의거하여, 인적 용역의 제공에 따른 사업소득의 수입시기는 다음 두 가지 중 **빠른 날**입니다.

◦용역대가를 지급받기로 한 날
◦용역의 제공을 완료한 날

따라서 위 사례의 경우, 다음 해 2월에 입금되었지만 12월 매출로 인식하여 신고해야 합니다. 이는 실제 진료(용역 제공)가 12월에 완료되었기 때문입니다.

보험매출의 세부 구조

수입 인식 시기를 잘못 적용하면

수입 인식 시기를 잘못 적용할 경우 다음과 같은 문제들이 생길 수 있습니다.

세무조사 대상 선정

매출 누락으로 오인되어 세무조사 대상이 될 수 있습니다.

가산세 부과

과소신고 또는 무신고 가산세가 부과될 수 있습니다.

신고 불성실 가산세

사업장현황신고 불성실 가산세가 추가로 부과될
수 있습니다.

세무 대리인과의 소통 문제

회계 처리가 복잡해지고 세무 대리인과의 업무 협
조가 어려워집니다.

공단 부담금

보험매출은 공단 부담금과 본인 부담금, 두 가지 금
액의 합산으로 구성됩니다.

　공단 부담금은 총 진료비 중 국민건강보험공단
이 병의원에 직접 지급하는 금액입니다.

　병의원에서 환자에게 진료를 제공하고, 그 대가
로 건강보험공단이나 심사평가원 등을 통해 받는
금액을 의미합니다. 간단하게 공식적인 건강보험
제도를 통해 환자가 아닌 정부 기관(공단)으로부터
받는 진료비라고 이해하시면 됩니다.

○ 건강보험공단 심사평가원 심사 후 결정

◦통상 진료 후 약 2개월 후 입금
◦심사 결과에 따라 삭감될 수 있음

본인 부담금

총 진료비 중 환자가 직접 병의원에 지불하는 금액
입니다.

◦진료 당일 또는 퇴원 시 즉시 수납
◦신용카드, 현금영수증, 현금 등 다양한 결제 수단
◦미수금 발생 가능성 있음

비보험 매출이란?

비보험매출이란 병의원에서 환자에게 진료를 제공하고 받는 수입 중, 국민건강보험이나 의료급여의 적용을 받지 않는 항목에 대한 매출 전액을 말합니다.

비보험매출 특징

건강보험심사평가원(심평원)이나 건강보험공단에 진료비를 청구할 수 없는, 환자가 진료비 전액을 부담하는 진료 항목에서 발생하는 매출(이를 비급여라고도 함)을 말합니다.

○지급 주체는 오직 환자 본인

○진료 당일에 환자가 현금 또는 카드로 수납하기 때문에, 공단 부담금이 나중에 입금되는 보험매출과 달리 바로 병의원의 현금흐름으로 잡힘

○보험매출은 정부가 정한 수가(가격)를 따라야 하지만, 비보험매출(비급여)은 의료기관이 자율적으로 가격을 책정할 수 있음

| **TIP 병의원 매출의 구분** | | |

구분	내용	세무 및 경영상 유의점
공단 부담금	건강보험공단 또는 심사평가원으로부터 약 2개월 후 입금	입금 시점과 매출 인식 시점이 달라 수입 인식 시기 오류를 유발하기 쉬움
본인 부담금	환자가 진료 당일 즉시 납부하는 금액(보험매출의 일부)	신용카드, 현금영수증, 현금 등 다양한 수단으로 수납되어 누락 없이 집계해야 함
비보험매출	환자가 진료비 전액을 부담하는 금액(비급여)	현금흐름에 즉각적으로 반영되지만, 미용 목적 진료는 부가세 과세 대상이므로 세무상 구분이 필수적임

4-4

병의원 입장에서의 매출 관리

병의원 매출 관리의 복잡성은 수입원이 보험과 비보험으로 이원화되어 있을 뿐 아니라, 그 지급 방식이 다양하게 혼재되어 있다는 점에서 발생합니다.

원장님 입장에서는 보험매출 중 환자 본인 부담금과 비보험매출이 신용카드, 현금영수증, 현금 등 여러 경로를 통해 혼합되어 입금됩니다. 따라서 세무상 오류와 현금흐름 악화를 방지하기 위해 이를 명확하게 구분하여 관리하는 것이 매우 중요합니다.

<h1 align="center">매출 유형 상세 분류표</h1>

대분류	중분류	소분류	지급자	입금 시기	비고
보험 매출	요양 급여	일반 요양급여	공단 +환자	진료 후 약 2개월	가장 일반적인 형태
		의료급여	공단 +환자	진료 후 약 2개월	의료급여 대상자
		건강검진	공단 +환자	진료 후 약 2개월	국가건강검진
		희귀 난치성 질환	공단 +환자	진료 후 당월 2개월 대상	–
	예방 접종	국가예방 접종	질병 관리청	월 단위 정산	NIP 시스템 확인 필수
		보건소 위탁	지자체	월 단위 정산	별도 청구 시스템
	비급여 본인 부담	선택진료	환자	즉시 수납	2017년 폐지
		상급 병실료	환자	즉시 수납	차액 부분
비보험 매출	미용 목적 진료	성형수술	환자	즉시 수납	부가세 과세
		피부미용	환자	즉시 수납	부가세 과세
	건강검진	종합검진	환자	검진 전	부가세 면세
		채용검진	환자	검진 전	부가세 면세
	예방접종	선택 예방접종	환자	즉시 수납	부가세 면세
	제증명료	진단서 등	환자	즉시 수납	부가세 면세
기타 매출	의료 외 수익	주차료	이용자	즉시 수납	부가세 과세
		임대수익	임차인	월 단위	부가세 과세

보험급여의
상세 분류

일반요양급여

일반요양급여는 건강보험에 가입한 사람과 그 피부양자를 대상으로 하는 제도입니다.

일반요양급여 적용 시 의료비의 일부를 본인이 부담해야 하며, 본인 부담률은 통상 30~60% 정도로 항목에 따라 다릅니다. 외래 진료의 경우 의원급 의료기관은 30%, 병원급 이상은 40~60%를 부담하며, 입원 시에는 20%를 부담합니다. 약국에서 약을 구입할 때는 약값의 30%를 본인이 부담하게 됩니다.

의료급여

의료급여는 국가에서 의료비를 지원하는 제도로, 대상자의 유형에 따라 1종과 2종으로 구분됩니다.

- 의료급여 1종 수급자: 본인 부담이 거의 없습니다. 입원 시에는 본인 부담이 없고 외래 진료의 경우 1,000원에서 2,000원 정도만 부담하면 됩니다.
- 의료급여 2종 수급자: 의료비의 약 10~15% 정도를 본인이 부담합니다.

이 제도는 국가가 의료비를 지원하여 경제적 부담을 줄여주는 것을 목적으로 하며, 일반 건강보험과는 달리 별도의 심사 기준이 적용됩니다.

건강검진

건강검진은 국민의 건강을 유지하고 질병을 조기에 발견하기 위해 정기적으로 실시됩니다.

○ 일반건강검진: 2년에 한 번씩 받을 수 있으며, 암 검진은 암의 종류에 따라 검진 주기가 다릅니다.
○ 영유아검진: 생후 14일에서 71개월 사이의 영유아를 대상으로 시행됩니다.
○ 학생검진: 초등학교, 중학교, 고등학교 재학생을 대상으로 실시됩니다.

이러한 건강검진 비용은 국민건강보험공단이 일부를 부담하고, 나머지는 본인이 부담하는 방식으로 운영됩니다.

희귀난치성질환

희귀난치성질환자는 의료비 부담을 줄이기 위해 본인 부담금이 경감되며, 경우에 따라 10%만 부담하거나 전액 면제받을 수 있습니다. 이 혜택을 받기 위해서는 반드시 산정특례 등록이 필요합니다.

해당 제도는 암, 중증 화상, 희귀질환 등과 같은 중증 질환을 대상으로 하며, 진료비 청구 시에는 일반 진료와 구분하기 위해 별도의 청구 코드를 사용합니다.

보건소 위탁 예방접종 매출 관리

특히 주의해야 할 부분이 보건소 위탁 예방접종 매출입니다. 이는 질병보건 통합관리 시스템(NIP, National Immunization Program)에서 반드시 확인해야 합니다.

NIP 시스템 매출 확인 절차

① 예방접종 실시

- 접종 당일 NIP 시스템에 등록
- 접종 내역 정확히 입력
- 환자 정보 확인

② 월별 청구

- 매월 말일 청구 마감
- 다음 달 10일까지 청구서 제출
- 청구 내역 검토

③ 입금 확인

- 청구 후 약 1개월 후 입금
- 질병관리청에서 직접 입금
- 통장 적요: "질병관리청" 또는 "예방접종"

④ 매출 인식

- 접종 시점에 매출 인식
- 입금 시점이 아님에 유의
- 미수금으로 회계 처리

NIP 매출 누락 시 문제점

- 세무조사 시 매출 누락으로 지적
- 사업장현황신고 불일치
- 종합소득세 과소신고 가산세
- 질병관리청 정산 불일치

본인 부담금 감면 시 세무 처리

개원을 하게 되면 직원들이나 직원 가족 및 지인들에게 본인 부담금을 감면해 주는 경우가 비일비재합니다. 선의에서 시작된 행위지만, 세무상 또는 의료법상 문제가 될 수 있으므로 정확한 처리 방법을 알아야 합니다.

대상별 세무 처리 방법

병원 직원 및 가족

할인해 준 금액은 원칙적으로 총 수입금액에 산입해야 하며, 해당 임직원의 근로소득으로 처리해야 합니다.

세무 처리 방법은 다음과 같습니다.

○ 정상 진료비를 매출로 계상
○ 감면해 준 금액을 복리후생비로 비용 처리
○ 해당 금액을 직원의 근로소득에 합산
○ 연말정산 시 근로소득으로 반영

구체적인 사례를 들어 설명해 보겠습니다.

○ 정상 진료비: 100,000원
○ 직원에게 청구한 금액: 30,000원
○ 감면 금액: 70,000원

회계 처리는 다음과 같이 합니다.

○ 차변) 현금 30,000원
○ 차변) 복리후생비 70,000원
○ 대변) 의료수입 100,000원

급여 처리는 다음과 같이 합니다.

○ 해당 직원 급여명세서에 70,000원 추가(비과세 한

도 내에서 처리 가능한 경우도 있음)

이러한 혜택은 직원 복리후생을 위한 목적이라면 의료법 위반 소지는 없습니다. 정당한 근로의 대가 중 일부로 인정되며, 취업규칙이나 단체협약 등에 해당 내용을 명시해 두면 더욱 안전합니다.

단, 직원 의료비 감면 제도를 운영할 경우 연간 200만 원 등 감면 한도를 미리 정해두는 것이 바람직합니다. 또한 직원 간의 형평성을 유지해야 하며, 감면 규모가 지나치게 크면 국세청으로부터 지적을 받을 수 있으므로 주의가 필요합니다.

일반인(직원 소개로 온 환자 등)

접대비로 처리할 수 있으며 회계 처리는 다음과 같이 합니다.

- 차변) 현금 70,000원
- 차변) 접대비 30,000원
- 대변) 의료수입 100,000원

이 방식은 진료비 총액 100,000원 중 30,000원을 접대비로 처리하고, 환자로부터는 실제 현금

70,000원을 받는 형태입니다. 다만, 접대비는 세법상 인정 한도 내에서만 비용으로 인정됩니다.

주의사항

불특정 다수의 환자에게 할인이나 금품을 제공하는 행위는 의료법 위반 소지가 있습니다. 의료법 제27조 제3항에 따르면, 금품이나 그 밖의 이익을 제공하여 환자를 유인하는 행위는 금지되어 있으므로 주의해야 합니다. 다만, 경제적 사정이 어려운 환자에게 사회복지적 차원에서 감면을 해주는 경우에는 예외적으로 허용될 수 있습니다.

PART 5

의료장비 구입 및 매각

일반적으로 병의원 개원 시에는 다양한 의료장비를 구입하게 됩니다. 많은 예비 원장님들이 어떤 방식으로 의료장비를 구입하는 것이 유리한지 궁금해하십니다. 이번 장에서는 일시불, 할부, 리스 각 구입 방식의 장단점에 대해 상세히 알아보겠습니다.

일시불로 구입할 때

일시불 구입의 장점

이자 발생 없음

- 총 구입 비용이 가장 저렴
- 할부나 리스 대비 10~30% 절감
- 장기적으로 가장 경제적

통합투자세액공제 가능

- 사업용 자산 취득 시 세액공제
- 공제율: 일반 3%, 중소기업 10%
- 신성장 · 원천기술: 추가 3%

구체적 계산 예시

- 의료장비 구입가: 1억 원
- 중소기업 세액공제율: 10%
- 세액공제액: 1,000만 원
- 실질 구입가: 9,000만 원

일시불 구입의 단점

일시불 구입은 장비 대금 전액을 한 번에 지불하기 때문에, 특히 개원 초기에 현금 유동성과 현금흐름 측면에서 큰 압박을 줄 수 있습니다.

고액 현금 지출로 현금 유동성 악화

장비 구입에 고액의 현금이 한 번에 지출되면서 개원 초기의 현금 부족이 심화될 수 있습니다. 이는 직원 급여, 재료 구입 등 운영 자금 확보를 어렵게 만들며, 예상치 못한 상황에 대비할 비상 자금이 부족해지는 결과를 가져옵니다. 이에 따라 추후 필요한 추가 투자(마케팅, 인테리어 보완 등) 여력이 감소하게 됩니다.

현금흐름 압박

매출이 발생하여 현금이 들어오기 전에 대규모 지출이 선행되기 때문에 자금 회전이 원활하지 않습니다. 이는 개원 초기 적자 발생 가능성을 증가시키고, 병원의 현금 회전 속도인 자금 회전율을 저하시켜 재무적 압박을 가중시킵니다.

일시불 구입이 적합한 경우

일시불 구입은 재정 상황에 여유가 있고 이자 비용을 절감하고자 할 때 가장 유리한 선택입니다.

개원 자금이 충분할 때

초기 지출을 감당할 수 있을 만큼 현금 동원 능력이 충분할 때, 다른 대출이나 할부 부담 없이 장비를 소유할 수 있습니다.

현금흐름에 여유가 있을 때

현재 운영 자금이나 비상 자금 확보에 문제가 없을 정도로 재무적 안정성이 높을 때 적합합니다.

이자 부담을 피하고 싶을 때

할부나 리스 이용 시 발생하는 모든 이자 비용을 피하고 장비 원가만 지불하고자 할 때 가장 경제적입니다.

장비 가격이 저렴한 경우

장비 가격 자체가 낮아(1,000만 원 미만) 이자 부담을 감수하고 할부/리스를 이용하는 것이 비효율적일 때 일시불을 추천합니다.

중고 장비 구입 시

일반적으로 중고 장비는 금융권에서 할부나 리스 취급이 어렵기 때문에, 사실상 일시불로 구입해야만 하는 경우가 많습니다.

할부로 구입할 때

할부 구입의 장점

감가상각비와 이자를 비용으로 처리 가능

할부로 구입하면 감가상각비는 물론 이자비용도 비용으로 처리할 수 있어 세금 절감 효과가 큽니다.

구체적 계산 예시

할부 구입 시 세금 절감 효과를 예를 들어 설명해 보겠습니다.

- 의료장비 구입가: 1억 원
- 할부 기간: 5년
- 이자율: 연 5%

∘ 연간 할부금: 약 2,309만 7,000원(원금+이자)

위와 같은 조건으로 장비를 할부로 구입할 경우, 1년 차에 병의원 순이익에서 차감되어 세금 계산의 대상이 되지 않는 '비용'으로 인정받는 금액은 다음과 같습니다(감가상각비+이자비용).

∘ **감가상각비**: 2,000만 원(5년 정액법)
 장비의 가치가 5년에 걸쳐 매년 2,000만 원씩 감소하는 것을 비용으로 처리한 금액입니다. (1억 원 ÷5년).
∘ **이자비용**: 약 500만 원
 1년 차에 발생하는 할부 이자 금액입니다.

따라서 1년 차에 총 비용으로 인정받을 수 있는 금액은 2,500만 원이 됩니다.
 세율 48.8%(지방소득세 포함 최고 세율 가정)로 가정했을 때 세금 절감액은 다음과 같습니다.

∘ 세금 절감액: 2,500만 원×48.8%=1,220만 원

통합투자세액공제 가능

장비를 할부로 구입하더라도, 세금 혜택 측면에서는 일시불로 구입했을 때와 동일한 세액공제 혜택을 받을 수 있습니다. 즉, 할부로 결제한다고 해도 세액공제 적용에 불이익이 전혀 없다는 뜻입니다. 또한 장비를 취득하는 시점에 구입 금액 전체에 대한 세액공제를 적용받아 세금 부담을 줄일 수 있다는 장점이 있습니다.

현금 부담을 분산 가능

할부는 초기 자금 부담을 크게 완화시켜 현금 유동성을 확보하는 데 매우 유리합니다. 고가의 장비라 하더라도, 계약 시점에 장비 가격의 10~20% 수준인 계약금만 준비하면 되며, 나머지 금액은 매월 일정 금액을 나누어 상환하게 됩니다. 이는 갑작스러운 큰 지출 없이도 장비 도입을 가능하게 하여, 병의원의 전반적인 현금흐름을 용이하게 관리할 수 있습니다.

할부 구입의 단점

이자비용 발생

1억 원짜리 의료장비를 5년 할부, 연 5% 이자로 구입할 경우 그에 해당하는 이자비용이 추가로 발생합니다. 따라서 실질 구입가는 1억 원을 넘게 됩니다.

- 1억 원 할부(5년, 연 5%)
- 총 이자비용: 약 1,548만 5,000원
- 실질 구입가: 1억 1,548만 5,000원

매월 원금과 이자 상환으로 운영자금 압박 가능성

할부 구입의 가장 큰 위험 중 하나는 매출 상황과 관계없이 매월 정해진 원금과 이자를 반드시 상환해야 하는 의무가 있다는 것입니다. 이는 병의원의 고정비용을 증가시켜 재정적 유연성을 떨어뜨립니다.

또한 만약 매출이 예상보다 부진할 경우, 상환금 부담으로 인해 운영 자금에 압박을 받고 현금 흐름이 악화될 위험이 커집니다.

중도상환 시 수수료 발생

할부 계약 기간이 끝나기 전에 잔여 원금을 미리 갚고 싶어도, 금융 기관은 통상적으로 중도상환수수료(위약금)를 부과합니다. (일반적으로 잔액의 1~3%)

따라서 중도에 목돈이 생겨 대출을 조기에 갚으려고 할 경우, 이 수수료를 내야 하므로 조기 상환을 통한 이자 절감 이득이 감소하거나 상쇄될 수 있습니다.

할부 구입이 적합한 경우

할부 구입은 특히 재정적 안정성과 세금 효율성을 중요하게 생각하는 경우에 유리한 장비 취득 방식입니다.

개원 자금이 중간 정도일 때

장비를 일시불로 구입할 만큼 충분한 초기 자금이 없거나, 초기에 다른 필수 비용(인테리어, 운영 자금 등)에 자금을 사용하고 싶을 때 할부가 적합합니다. 초기 현금 부담을 최소화하면서도 고가 장비를 도입할 수 있습니다.

현금흐름을 안정적으로 관리하고 싶을 때

장비 대금을 한 번에 지출하지 않고 매월 일정액으로 나누어 상환하므로, 갑작스러운 대규모 현금 유출 없이 운영 자금의 흐름을 예측 가능하게 관리할 수 있습니다.

세금 절감 효과를 극대화하고 싶을 때

할부 구입 시 감가상각비뿐만 아니라 매년 발생하는 이자비용까지 전액 비용으로 인정받을 수 있습니다. 또한, 장비를 소유하게 되므로 통합투자세액공제 혜택도 동시에 누릴 수 있어 세금 절감 효과가 커집니다.

향후 매출이 안정적으로 예상될 때

할부는 매월 고정적인 상환 의무를 지게 되므로, 장비 도입 후 진료 수입이 안정적이고 꾸준히 발생할 것으로 예상될 때 재정적 위험 없이 계획적인 상환이 가능합니다.

금융리스로 구입할 때

금융리스는 실질적으로 장비 대금을 나누어 갚는 할부 구입과 유사하지만, 법적 형식은 임대차(빌려 쓰는 형식)입니다.

금융리스의 장점

감가상각비와 이자를 비용으로 처리

금융리스는 회계상 장비를 빌린 기업(리스 이용자)의 자산으로 계상됩니다. 이 때문에 할부와 거의 동일한 세금 효과를 얻을 수 있습니다.

○ 감가상각 가능: 자산으로 인정되므로, 장비 가치

하락분인 감가상각비를 매년 비용으로 처리하여 세금 절감 효과를 볼 수 있습니다.

- 이자 비용 처리: 리스료에 포함된 이자 상당액 역시 비용으로 인정받아 소득을 줄이는 데 사용할 수 있습니다.

통합투자세액공제 가능

장비가 리스 이용자의 자산으로 처리되므로, 할부 구입과 마찬가지로 통합투자세액공제 혜택을 받을 수 있습니다. 이는 세액공제 측면에서 불이익이 없음을 의미합니다.

현금 부담을 분산

금융리스는 초기 현금 지출 부담을 최소화합니다. 할부와 달리 일반적으로 계약금이 없거나 매우 소액의 보증금만 필요하기 때문입니다. 또한 장비 대금을 매월 리스료 형태로 나누어 지급하기 때문에, 개원 초기나 자금 유동성이 부족할 때 현금흐름 관리에 유리합니다.

소유권 이전 가능

리스 기간이 종료된 후에는 리스 이용자가 명목금

액이나 저렴한 가격을 지불하고 해당 장비의 소유권을 완전히 취득할 수 있습니다. 이는 장비를 장기적으로 소유하고자 할 때 할부와 유사한 결과를 가져옵니다.

금융리스의 단점

금융리스는 할부와 유사한 장점이 있지만, 다음과 같은 재정적·행정적 단점이 있습니다.

이자비용 발생

금융리스는 장비를 빌리는 형태로, 원금 외에 이자비용이 발생합니다. 경우에 따라 일반 할부보다 더 높은 이자율이 적용될 수 있습니다. 이로 인해 장비를 일시불로 구입할 때와 비교하면 총 지출 비용이 15~25%까지 증가할 수 있어, 장기적인 총 비용 측면에서는 불리합니다.

매월 리스료와 이자 상환으로 운영자금 압박 가능성

매월 리스료와 이자를 고정적으로 상환해야 하므로 병원의 고정비용이 증가합니다.

매출이 안정적이지 못하고 변동이 심할 경우, 정기적인 리스료 지급 의무가 운영 자금에 큰 부담으로 작용하여 현금흐름을 압박할 수 있습니다.

복잡한 회계 처리

금융리스는 형식상 임대차임에도 불구하고, 회계 기준에 따라 장비를 취득한 것처럼 처리해야 하므로 회계 처리가 복잡합니다. 자산과 부채를 동시에 계상해야 하며, 리스료 중 원금과 이자를 분리하고 감가상각비를 별도로 계산하는 등의 복잡한 절차가 필요합니다. 따라서 전문적인 지식 없이는 처리가 어려워, 세무 대리인이나 전문가의 도움이 필수적입니다.

금융리스가 적합한 경우

금융리스는 다음과 같은 특정 재정 상황이나 조건에 처했을 때 유용한 대안이 될 수 있습니다.

초기 현금이 부족할 때

할부보다도 초기 계약금 부담이 거의 없어, 초기 현

금 지출을 극단적으로 줄이고 싶을 때 적합합니다.

할부 승인이 어려울 때

신용도 문제 등으로 인해 일반적인 은행 할부 대출 승인이 어려울 때, 리스사 문턱이 더 낮아 장비 도입이 가능할 수 있습니다.

회계 처리에 익숙하거나 세무 대리인이 있을 때

복잡한 회계 처리가 자체적으로 가능하거나(사내에 회계 전문가가 있거나), 외부 세무 대리인에게 위임할 수 있어 복잡한 행정 부담을 해결할 수 있을 때 유리합니다.

운용리스로 구입할 때

운용리스는 장비를 순수하게 빌려 쓰는 임대(렌탈) 형태로, 장비의 소유권이 리스회사에 있습니다.

운용리스의 장점

매월 임대료를 전액 비용 처리 가능

운용리스의 가장 큰 장점은 회계 처리가 매우 간단하다는 것입니다. 매월 지급하는 리스료 전액을 '임차료'라는 계정으로 비용 처리할 수 있습니다.

회계처리 예시: 월 리스료 200만 원

◦ 차변) 임차료 200만 원

◦ 대변) 보통예금 200만 원

이처럼 복잡한 감가상각 계산, 이자 안분(나누어 계산) 등의 절차가 불필요하여 행정적인 부담이 적습니다.

초기 자금 부담이 적음

초기 계약금이 전혀 없으며, 소액의 보증금(통상 1~3개월치 리스료)만 지급하면 되므로 초기 자금 부담이 가장 낮습니다. 이는 적은 돈으로 즉시 고가의 장비를 사용하며 사업을 시작할 수 있게 해줍니다.

최신 장비 사용 가능

리스 기간 종료 후 복잡한 처분 과정 없이 장비를 반납할 수 있어, 기술 진보가 빠른 장비의 경우 최신 모델로 교체하기가 매우 용이합니다. 구형 장비를 직접 처분해야 하는 부담이 없습니다.

운용리스의 단점

통합투자세액공제 불가

운용리스는 장비를 빌려 쓰는 것이지 취득하는 것이 아니므로, 장비 구입 시 제공되는 통합투자세액공제 혜택을 받을 수 없습니다. 예를 들어, 1억 원짜리 장비의 경우 1,000만 원 상당의 세액공제 혜택을 놓치게 됩니다.

장비 소유권이 리스회사에

장비의 소유권은 리스 이용자에게 넘어오지 않고 리스회사에 계속 남습니다. 리스 종료 후에는 장비를 반환하거나 재계약을 해야 하며, 소유권을 취득하려면 그 시점의 시가로 매입해야 합니다. 장기적으로 장비를 소유하고 싶다면 비경제적일 수 있습니다.

총 비용이 가장 높음

가격에 리스회사의 마진이 포함되어 있어, 이자 비용을 포함한 총 지출액이 할부나 금융리스 등 다른 선택지에 비해 가장 높습니다. 5년 리스 기준으로 일시불 구입 대비 30~50% 더 많은 비용을 지출하게 됩니다.

운용리스가 적합한 경우

개원 초기 자금이 매우 부족할 때
초기 현금 지출을 극단적으로 최소화해야 한다면 운용리스가 적합합니다.

단기간 사용 후 최신 장비로 교체
장비의 기술 변화 속도가 빨라 자주 업그레이드가 필요할 때 운용리스는 좋은 방법일 수 있습니다.

회계 처리를 단순화하고 싶을 때
복잡한 감가상각 및 이자 계산 없이 임차료로 간단히 처리하고자 한다면 운용리스가 괜찮은 선택지입니다.

장비 처분에 대한 부담을 피하고 싶을 때
리스 기간 만료 후 장비 처분(중고 판매 등)의 번거로움을 리스회사에 맡길 수 있습니다.

장비 구입 방식별 비교표

구분	일시불	할부	금융리스	운용리스
초기 현금 지출	전액	계약금만	없음	없음
이자 부담	없음	있음	있음	포함
통합투자 세액공제	가능	가능	가능	불가
감가상각	가능	가능	가능	불가
비용 처리	감가상각비	감가상각비 +이자	감가상각비 +이자	리스료 전액
소유권	즉시	상환 완료 후	리스 종료 후	리스사
자산 계상	즉시	즉시	즉시	없음
중도 해지	해당 없음	위약금	위약금	위약금

의료장비 구입 방식 선택 가이드

장비 특성에 따른 선택

장비 구입 방식은 장비의 가격대와 기술 변화 속도에 따라 선택하는 것이 유리합니다.

고가 장비(5,000만 원 이상)

초기 현금 부담을 분산하기 위해 할부 또는 금융리스를 추천합니다.

저가 장비(1,000만 원 이하)

이자 부담이 발생하는 할부/리스보다, 일시불로 구매하는 것이 총 비용 측면에서 더 경제적입니다.

기술 변화 빠른 장비

장비를 소유하지 않고 운용리스를 선택하면, 리스 기간 종료 후 구형 장비 처분 부담 없이 쉽게 최신 모델로 업그레이드할 수 있습니다.

기술 변화 적은 장비

기술 변화가 적어 장기간 사용할 장비는 소유하는 것이 장기적으로 경제적이므로, 일시불 또는 할부가 적합합니다.

장비 가격대별 추천 구입 방식

장비 유형	추천 방식	이유
고가 장비 (5,000만 원 이상)	할부/금융리스	현금 부담 분산
저가 장비 (1,000만 원 이하)	일시불	이자 부담 대비 효과 적음
기술 변화 빠른 장비	운용리스	쉬운 업그레이드
안정적 장비	일시불/할부	장기 소유가 경제적

세금 효과 극대화 전략

1억 원짜리 장비를 일시불, 할부, 운용리스 세 가지 방식으로 구입했을 때의 초기 비용, 총 지출액, 세금 효과를 비교한 결과입니다.

시나리오: 1억 원 장비 구입

(단위: 원)

구분	일시불	할부(5년, 5%)	운용리스
초기 지출	100,000,000	20,000,000	2,000,000
총 지출	100,000,000	115,485,000	140,000,000
투자세액공제	10,000,000	10,000,000	0
연간 비용 인정	20,000,000	25,000,000	28,000,000
세금 절감 (1년 차)	14,760,000	17,200,000	13,664,000
실질 부담(5년)	75,240,000	87,621,000	126,336,000

현금 유동성이 최우선이라면

운용리스가 초기 지출(200만 원)을 최소화할 수 있습니다.

세금 절감 효과를 극대화하려면

할부가 투자세액공제와 높은 연간 비용 인정(감가상각비+이자)을 모두 누려 1년 차 세금 절감액(1,720만 원)이 가장 높습니다.

총 비용 절감이 최우선이라면

일시불이 총 지출액과 5년 실질 부담액(7,524만 원) 모두에서 가장 유리합니다.

추천: 할부가 세금 효과 측면에서 가장 유리

투자세액공제도 받으면서 이자비용 공제도 받을 수 있어, 초기 현금 부담과 세금 절감을 균형 있게 달성할 수 있습니다.

의료장비 매각 시 세무 처리

면세사업자의 계산서 발급 의무

병의원은 부가가치세 면세사업자이므로, 의료장비를 매각할 때 세금계산서가 아닌 계산서를 발급해야 합니다.

계산서 발급 방법

홈택스 전자계산서 발급

- 홈택스 로그인
- 전자(세금)계산서 〉 계산서 발급
- 매수자 정보 입력
- 품목: 의료장비 매각
- 공급가액 입력(부가세 없음)

사업장현황신고 반영 필수

계산서를 발급했다면, 반드시 다음 해 2월 사업장 현황신고 시 수입금액에 반영해야 합니다.

미반영 시 불이익

○ 사업장현황신고 불성실 가산세: 수입금액의 0.5%
○ 종합소득세 과소신고 가산세: 추가 10~40%

신고 방법: 사업장현황신고서 작성 예시

수입금액 명세

1. 의료수입: 500,000,000원
2. 계산서 발급분(장비 매각): 30,000,000원
3. 기타수입: 5,000,000원

총 수입금액: 535,000,000원

세무 대리인과의 소통 중요

실무상 병의원은 계산서를 발급하는 일이 거의 없기 때문에, 막상 발급을 하고도 신고 과정에서 누락하는 실수가 종종 발생합니다. 따라서 계산서를 발

급했을 시 반드시 자문 세무사에게 즉시 정보를 제
공해야 불이익을 막을 수 있습니다.

세무 대리인에게 제공할 정보

○ 계산서 사본
○ 매각 장비 명세(구입일, 초기 구입가, 현재까지의 감가
　상각 누계액이 포함된 자료)
○ 매각 대금 입금 통장 사본
○ 매각 계약서 사본

장부가액과 매각대금 차이 처리

장비를 팔았을 때 장부상 가치와 실제 받은 돈의 차
이에 따라 세무 처리가 달라집니다. 이해를 돕기 위
해 구체적인 숫자로 예시를 들어보겠습니다.

양도차익 발생 시

양도차익이 발생하여 이익을 본 경우에는 과세 대
상입니다. 예를 들어 1억 원에 구입한 장비가 있고,
5년 동안 감가상각을 8,000만 원 했다면 현재 이
장비의 장부가액은 2,000만 원입니다. 이 장비를

3,000만 원에 팔았다면, 장부가액(2,000만 원)보다 1,000만 원을 더 받았으므로 1,000만 원의 양도차익이 발생합니다. 이 이익금은 사업소득으로 분류되어 과세됩니다.

장비 구입가	1억 원
감가상각 누계액	8,000만 원(5년간)
장부가액	2,000만 원
매각 대금	3,000만 원
양도차익	1,000만 원(사업소득으로 과세)

양도차손 발생 시

양도차손이 발생하여 손해를 본 경우에는 경비로 인정됩니다. 위 예시와 반대로 장부가액이 2,000만 원인 장비를 1,500만 원에 팔았다면, 장부상 가치보다 적게 받았으므로 500만 원의 양도차손이 발생합니다. 이렇게 발생한 손실금은 사업을 위한 필요경비로 인정받을 수 있습니다.

장부가액	2,000만 원
매각 대금	1,500만 원
양도차손	500만 원(필요경비로 인정)

PART 6

네트급여 계약

병의원 직원 채용 시 '네트급여' 방식으로 계약하는 경우가 많습니다. 네트급여란 세금과 4대보험료를 공제하기 전 실수령액을 보장하는 방식입니다. 예를 들어 "실수령액 250만 원"으로 계약하면, 세금과 보험료는 병원(원장)이 추가로 부담하는 것입니다. 이는 직원에게는 유리하지만, 원장님께는 여러 불이익이 있습니다.

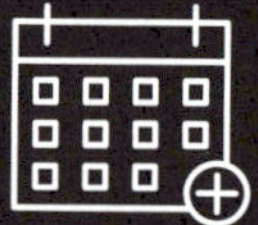

급여명세서 작성의 어려움

병의원 실무에서 흔한 '네트급여(세후 실수령액 보장)' 계약의 맹점은 급여명세서 작성 단계에서부터 드러납니다. 급여명세서 교부가 의무화됨에 따라, 정해진 실수령액을 기준으로 세전 급여와 각종 공제 항목을 역으로 계산해(역산) 맞추는 과정에서 오류가 발생할 확률이 매우 높아졌기 때문입니다.

급여명세서 교부 의무

근로기준법 제48조에 의거하여 사용자는 임금을 지급할 때 반드시 급여명세서를 교부해야 합니다. 이를 위반할 경우 위반 횟수에 따라 과태료가 부과

됩니다.

- 1차 위반: 30만 원
- 2차 위반: 50만 원
- 3차 이상: 100만 원

특히 주의할 점은 이 과태료가 직원 1인당 부과된다는 사실입니다. 만약 직원이 10명인 사업장에서 교부 의무를 위반한다면 최대 1,000만 원의 과태료가 부과될 수 있습니다.

네트급여 역산의 어려움

단순히 주는 돈을 기록하는 게 아니라, 세금을 떼기 전 금액을 유추해야 하므로 계산이 매우 복잡해집니다. 실수령액이 250만 원인 직원의 급여를 역산하는 과정을 예로 들어보겠습니다.

1단계: 비과세 분리

먼저 식대 등 비과세 항목(약 20만 원)을 추정하여 제외합니다.(과세 대상 실수령액 230만 원)

2단계: 세율 적용

근로소득 간이세액표에 따른 소득세율(약 6%), 지방소득세(소득세의 10%), 4대 보험료 본인 부담분(약 9.49%)을 모두 고려하여 역산 공식을 세웁니다.

이 역산 과정을 간단히 정리하면 다음과 같습니다.

1. 실수령액이 250만 원일 때
2. 비과세 추정(식대 등): 20만 원
3. 과세 실수령액: 230만 원
4. 소득세율 추정: 약 6%(근로소득 간이세액표)
5. 지방소득세: 소득세의 10%
6. 4대보험료: 약 9.49%(본인 부담분)

이를 수식으로 표현하면 다음과 같습니다.

$$\text{세전 과세급여} = 2{,}300{,}000 \div (1-0.06-0.006-0.0949)$$
$$\approx 2{,}300{,}000 \div 0.8391$$
$$\approx 2{,}741{,}000\,\text{원}$$

$$\text{총 세전급여} = 2{,}741{,}000 + 200{,}000$$
$$= 2{,}941{,}000\,\text{원}$$

결과적으로 총 세전 급여는 약 2,941,000원(세전 과세급여+비과세)이 됩니다. 이처럼 복잡한 소수점 계산 과정에서 단 10원의 차이만 발생해도 급여대장과 명세서가 일치하지 않게 되는 문제가 발생합니다.

세금 및 4대보험료 대납 부담

네트제 급여 계약의 가장 치명적인 단점은 직원이 법적으로 부담해야 할 세금과 4대 보험료를 사업주가 전액 대납해야 한다는 것입니다. 이는 법률이 정한 의무가 아니라 계약 방식에 따른 구조적 문제입니다.

법적 원칙 vs. 네트 계약의 현실

국민건강보험법 등 관련 법령에 따르면, 4대보험료 중 국민연금, 건강보험, 고용보험은 사업주와 근로자가 50:50으로 분담하는 것이 원칙입니다. 사업주가 100% 부담해야 한다는 법 조항은 어디에도 없습니다.

그러나 병의원 관행인 '네트제'는 사적 계약을 통해 "직원의 본인 부담금(약 9.4%)과 소득세까지 병원이 대신 내준다"는 약속을 전제로 합니다. 결과적으로 원장님은 법적으로 내야 할 '사용자 부담분'에 더해, 굳이 내지 않아도 될 '근로자 부담분'까지 이중으로 떠안게 되며, 이는 경영상 큰 비용 리스크로 작용합니다.

4대보험료율

최근 3년간(2023~2025년) 4대보험료율 합계는 18.80% 수준입니다. 네트제 계약하에서는 이 모든 요율 부담이 고스란히 병원의 몫이 됩니다.

4대보험료율

연도	건강보험	장기요양	국민연금	고용보험	합계
2023	7.09%	0.91%	9.00%	1.80%	18.80%
2024	7.09%	0.91%	9.00%	1.80%	18.80%
2025	7.09%	0.91%	9.00%	1.80%	18.80%

본인 부담분은 절반인 9.40%

연간 추가 부담액은 얼마나 될까?

실수령액 250만 원을 보장받는 직원 1명을 고용했을 때, 실제 발생하는 추가 비용을 계산해 보겠습니다.

월 추가 부담액

역산된 세전 급여 약 294만 원을 기준으로 할 때, 병원이 대신 납부하는 '직원 부담분(4대 보험료+소득세)'은 매월 약 44만 원에 달합니다.

연간 총액 차이

이를 1년으로 환산하면 직원 1명당 약 528만 원의 추가 비용이 발생합니다.

- 직원이 5명이면 연간 2,640만 원 추가 지출
- 직원이 10명이면 연간 5,280만 원 추가 지출

보험료율 인상의 나비효과

더 큰 문제는 보험료율이 인상될 때입니다. 예를 들

어 건강보험료율이 단 0.1%포인트만 올라도 그 파급력은 상당합니다. 세전 급여 294만 원 기준으로 계산했을 때, 직원 1명당 연간 약 15만 원의 부담이 늘어납니다. 만약 직원이 10명인 병원이라면, 급여 인상 없이도 단순히 보험료율 변동만으로 연간 150만 원의 고정 비용이 추가되는 셈입니다.

퇴직금 산정 시 불리

네트제 급여의 문제는 매월 나가는 비용에서 끝나지 않습니다. 직원이 퇴사할 때 지급해야 하는 퇴직금을 산정할 때도 사업주에게 불리하게 작용하기 때문입니다. 핵심은 "병원이 대신 내준 세금도 직원의 임금으로 봐야 하는가?"인데, 대법원은 이를 '임금'으로 인정하고 있습니다.

대법원 판례 (2003다49732)

사용자가 근로자의 소득세를 대납하기로 약정한 경우, 그 대납액은 근로자가 사용자로부터 지급받은 임금에 포함되고, 따라서 평균임금 산정 시 포함되어야 한다.

즉, 퇴직금의 기준이 되는 '평균임금'을 계산할 때, 실수령액이나 단순 역산된 세전 급여가 아니라 '역산된 세전 급여+병원이 대납해 준 세금 및 보험료'를 모두 합친 금액을 기준으로 삼아야 한다는 뜻입니다.

퇴직금 계산 사례

세전 300만 원(실수령액 약 256만 원)의 가치를 지닌 직원이 3년 근속 후 퇴사한다고 가정해 보겠습니다.

일반 급여 계약(그로스)

○ 기준 급여(세전): 300만 원
○ 평균임금: 300만 원
○ 퇴직금 기준: 300만 원×3년=900만 원

네트 급여 계약

네트제에서는 병원이 대납한 세금(약 44만 원)이 평균임금에 얹어집니다.

◦실수령액 보장: 256만 원

◦세전 급여(역산): 300만 원

◦대납 세금 효과 추가: 44만 원

◦최종 평균임금: 344만 원

◦퇴직금 기준: 344만 원×3년=1,032만 원

결과: 14.7%의 비용 증가

같은 조건임에도 네트제 계약이라는 이유만으로 약 132만 원(14.7%)의 퇴직금을 더 지급해야 합니다. 이는 직원 수가 많고 근속 연수가 길어질수록, 원장님이 감당해야 할 숨은 부채의 규모가 눈덩이처럼 불어남을 의미합니다.

연말정산 관련 마찰

네트제 급여의 모순은 연말정산 시즌에 극대화됩니다. 평소 세금을 회사가 대신 내주다 보니, 연말정산 결과에 따라 "환급금은 누가 갖고, 추가 납부액은 누가 낼 것인가?"를 두고 갈등이 발생하기 쉽습니다.

특히 연말정산 환급금이 국세청에서 직원 개인 계좌로 직접 입금되는 것이 아니라, 회사를 통해 급여에 포함되어 지급된다는 점이 분쟁의 불씨가 됩니다.

주요 분쟁 사례

사례 1: 환급금이 발생했을 때(돈을 돌려받을 때)

- 상황: 직원이 홈택스에서 자신의 환급금을 확인했지만, 월급날 해당 금액이 들어오지 않음.
- 직원: "국세청에서 50만 원 환급받으라고 떴는데 왜 월급에 안 들어왔나요? 제 명의로 나온 돈이잖아요."
- 원장: "그동안 세금을 병원이 다 대납했잖아요. 병원이 낸 돈을 돌려받는 거니 병원 귀속분이죠."
- 갈등 원인: 직원은 명의를 내세우고, 병원은 비용 부담 주체를 내세우며 충돌합니다. 병원이 지급을 거부하면 직원은 병원이 돈을 가로챘다고 오해하기 쉽습니다.

사례 2: 추가 납부액이 발생했을 때(돈을 더 내야 할 때)

- 직원: "원장님, 이번에 30만 원 더 토해내야 한대요. 네트계약이니까 병원이 내주시는 거죠?"
- 원장: "작년에도 병원이 냈는데 또요? 환급받을 땐 본인 거라더니 토해낼 땐 병원 몫인가요?"

◦ 갈등 원인: 직원은 네트 계약의 '세후 보장' 원칙
  을 내세워 추가 납부 의무까지 병원에 떠넘기려
  합니다.

네트급여로 계산할 때 세전 인건비 예시

다음 표는 세전 급여가 220만 원일 때 발생하는 4대 보험료를 상세히 산출한 내역입니다. 급여 명세서의 공제 구조를 역으로 분석하면 표의 수치와 급여액 사이의 연관성을 명확히 알 수 있습니다.

실수령액 약 200만 원일 때의 4대보험료 계산

(단위: 원)

구분	근로자 부담	사업주 부담	합계
국민연금	99,000	99,000	198,000
건강보험	77,990	77,990	155,980
장기요양	10,101	10,101	20,202
고용보험	19,800	25,300	39,600
총 4대보험료	206,891	206,891	413,782

4대 보험료 산출 기준

표에 기재된 국민연금 근로자 부담분 9만 9,000원
은 세전 급여 220만 원에 요율 4.5%를 적용하여 산
출된 금액입니다. 즉, 이 표는 세전 220만 원을 기
준으로 작성된 급여 명세서의 공제 내역과 동일합
니다.

○ 국민연금: 2,200,000원×4.5%=99,000원
○ 건강보험: 2,200,000원×3.545%=77,990원
○ 장기요양: 건강보험료의 12.95%=10,101원
○ 고용보험: 2,200,000원×0.9%=19,800원

위 4대보험료를 합하면 근로자 부담 총액은 206,891
원입니다.

근로자의 실수령액은 약 200만 원

세전 급여 220만 원에서 앞서 본 표의 4대 보험료
합계(약 20만 원)와 소득세 및 지방소득세(약 2~3만
원 예상)를 공제하면, 직원의 실제 통장에 입금되는

실수령액은 약 197만~198만 원 수준이 됩니다.

사업주의 실질적 비용 부담

병원은 직원에게 지급하는 세전 급여 220만 원 외에도, 법적으로 정해진 사용자 부담분 4대 보험료(약 20만 6,891원)를 추가로 납부해야 합니다.

세전 급여(220만 원)+사업주 부담 보험료(20만 6,891원) = 총 인건비 지출: 약 240만 6,891원

결과적으로 병원은 실수령액 약 200만 원인 직원을 고용하기 위해(세전 220만 원 기준), 매월 약 240만 원 이상의 비용을 지출하게 되는 구조입니다.

그로스급여 계약의 장점

앞서 살펴본 세금 대납, 퇴직금 정산 불이익, 연말 정산 분쟁 등 네트제 계약의 모든 문제는 '그로스급여'(세전급여) 방식을 도입함으로써 깔끔하게 해결할 수 있습니다.

그로스급여 계약 예시

그로스 계약은 '통장에 찍히는 돈'이 아니라, '세금을 떼기 전의 총액'을 기준으로 계약하는 방식입니다. 예를 들어 월 300만 원(세전)으로 계약했을 때의 급여 구조는 다음과 같습니다.

- 총 급여: 300만 원
- 비과세 항목: 식대 20만 원을 제외한 280만 원이 과세 대상이 됩니다.
- 공제 항목: 소득세(약 14만 원), 지방소득세(약 1만 4,000원), 4대 보험료(약 28만 원) 등 본인 부담금을 급여에서 차감합니다.
- 실수령액: 공제 후 남은 약 257만 원이 지급됩니다.

여기에서 실수령액은 고정된 금액이 아니며, 부양가족 수나 연말정산 결과 등 개개인의 소득공제 요건에 따라 매월 변동될 수 있음을 직원에게 인지시키는 것이 중요합니다.

그로스급여 계약 시 명시 사항

분쟁을 막기 위해서는 근로계약서에 급여의 성격과 공제 방식을 명확히 기재해야 합니다.

제○조 (임금)
① 기본급: 월 3,000,000원 (세전 기준)
② 비과세 수당: 월 200,000원 (식대 포함)
③ 공제 방식: 소득세, 지방소득세 및 4대 보험료 등 제세공과금은 관계 법령에 따라 근로자 본인 부담분을 공제한 후 지급한다.
④ 변동 가능성: 실수령액은 부양가족 수, 세율 변동, 소득공제 내역 등에 따라 매월 달라질 수 있다.

이처럼 계약서에 '세전'임과 '본인 부담 공제' 원칙을 못 박아두면, 추후 세금 인상이나 연말정산 환급 문제로 얼굴을 붉힐 일이 사라질 것입니다. 예를 들어 "왜 저번 달이랑 입금액이 달라요?"라고 물어봐도 "세법이 바뀌어서 세금이 좀 더 떼였네요"라는 식으로 대응할 수 있는 것입니다.

네트급여 계약을 피하는 방법

네트제 관행을 끊어내려면 신규 채용 단계부터 확실한 기준을 세워야 하며, 이미 네트제로 계약된 직원이라도 단계적인 설득 과정을 거쳐야 합니다.

채용 공고 단계부터 '그로스' 명확히

구직자가 처음 접하는 채용 공고에서부터 '세전 급여'임을 분명히 해야 오해를 줄일 수 있습니다.

잘못된 예
○ 급여: 실수령 250만 원

올바른 예

○ 급여: 월 300만 원(세전 기준, 4대 보험 및 세금 별도 공제)
○ 참고: 실수령액은 개인 공제 내역에 따라 약 256만 원 내외

면접 시 충분한 설명

면접 시에는 그로스급여와 네트급여의 차이를 충분히 설명하고, 예상 급여명세서를 보여주며 "연말정산 결과에 따라 실수령액이 변동될 수 있음"을 인지시켜야 합니다.

○ 그로스급여와 네트급여의 차이 설명
○ 급여명세서 예시 제시
○ 연말정산 변동 가능성 안내

근로계약서에 명확히 기재

근로계약서에는 반드시 "세전(Gross)" 또는 "제세공과금 공제 전"이라는 문구를 명시하고, 공제 항

목을 구체적으로 열거하여 법적 효력을 갖춰야 합
니다.

- "세전(Gross)" 또는 "제세공과금 공제 전" 명시
- 공제 항목 열거
- 실수령액 변동 가능성 명시

이미 네트급여로 계약한 경우 해결 방법

기존 직원들의 반발을 최소화하기 위해서는 '계약
변경'을 통해 급여 구조를 투명하게 바꾸는 협의가
필요합니다.

계약 변경 협의: '역산'을 통한 실수령액 보전

기존 직원의 계약을 변경할 때 가장 중요한 것은
"계약 방식이 바뀌어도 당신이 가져가는 돈은 줄어
들지 않는다"는 점을 강조해 안심시키는 것입니다.
이를 위해 '역산(Gross-up)' 방식을 활용합니다.

- 현재(네트 계약): 실수령 250만 원(세금은 병원이 별

도 부담)

◦ 변경(그로스 계약): 세전 294만 원(세금을 떼고 나면 실수령 약 250만 원)

설득의 핵심 논리: "선생님의 월급을 깎으려는 것이 아닙니다. 이제부터 세금을 본인이 직접 납부하시게 되더라도 통장에 찍히는 돈이 지금과 똑같이 250만 원이 되도록, 계약서상 연봉을 294만 원으로 올려서 다시 계약하려는 것입니다. 서류상 급여는 오르고 실질 소득은 유지되니 안심하셔도 됩니다."

변경 명분 제시

◦ 급여명세서 의무화 준수: "법이 바뀌어 급여명세서에 세전 금액과 세금을 정확히 적어야 해서 계약서를 정비하는 과정입니다."
◦ 퇴직금의 명확화: "나중에 퇴직금 계산할 때도 이 방식이 훨씬 정확하고 안전합니다."

이렇게 설명하면 직원 입장에서도 "어? 내 연봉이 서류상으로는 오르는 거네? 손해 볼 건 없네?"라고 받아들이기가 훨씬 수월해집니다.

저항을 줄이는 단계적 전환

- 1단계(1~3개월): 급여 지급 방식은 현행(네트)을 유지하되, 세전 급여가 적힌 급여명세서를 제공하여 적응 기간을 줍니다.
- 2단계(4~6개월): 세전 급여를 기준으로 고지하되, 실수령액 보장을 병행하여 불안감을 해소합니다.
- 3단계(7개월 이후): 완전한 그로스급여 체계로 전환합니다.

인센티브로 보완

직원이 네트급여 포기를 주저한다면 연봉 5% 인상, 성과급 확대, 복리후생 개선 등의 혜택을 제안하여 그로스 전환이 직원에게도 이득임을 설득하는 것이 좋습니다.

신규 입사자부터 적용

만약 전체 전환이 어렵다면, 신규 입사자부터 그로스를 적용하고 기존 직원은 재계약 시점에 맞춰 순차적으로 변경하는 것이 현실적입니다.

세무 신고
의무는 동일

급여 계약 방식이 네트든 그로스든, 병의원이 국세청에 해야 할 세무 신고 의무는 동일합니다. 계약 방식이 다르다고 해서 신고를 누락하거나 미룰 수는 없습니다.

원천징수 이행 상황 신고

직원에게 월급을 줄 때 미리 떼어 둔 세금(원천징수세액)은 다음 달 10일까지 관할 세무서에 신고하고 납부해야 합니다. 단, 직원이 소수일 경우 반기별 납부 승인을 받아 6개월에 한 번씩 몰아서 신고·납부할 수도 있습니다.

연말정산 및 지급명세서 제출

매년 2월 말까지 지난 1년 치 급여에 대한 연말정산을 진행하고, '근로소득 지급명세서'를 제출해야 합니다. 이 과정에서 직원의 정확한 소득이 확정됩니다.

4대보험 신고

- 일용직: 매월 근로 내용을 확인하여 신고해야 합니다.
- 상용직: 보수 총액에 변동이 생기면 정산 신고를 통해 보험료를 조정해야 합니다.

PART 7

업무용 차량 경비 처리

병의원을 운영하다 보면 환자 이송, 왕진, 세무서 방문 등 업무 목적으로 차량을 이용하는 경우가 많습니다. 차량을 구매하고 유지하는 데 들어가는 비용은 경비 처리가 가능하지만, 차량의 종류와 운용 방식에 따라 세법상 인정받을 수 있는 한도가 다르므로 주의가 필요합니다. 이번 장에서는 업무용 승용차의 경비 처리 기준에 대해 상세히 알아보겠습니다.

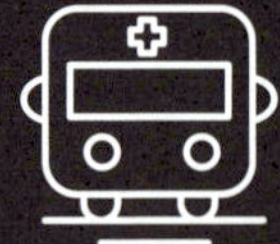

어떤 차가
규제 대상일까?

모든 차량이 까다로운 경비 처리를 받는 것은 아닙니다. 세법에서는 '개별소비세가 부과되는 승용차'에 대해서만 한도를 둡니다. 반대로 말하면, 아래 차량들은 연간 1,500만 원 한도 규제를 받지 않고 전액 비용 처리가 가능합니다.

- 경차: 배기량 1,000cc 이하(모닝, 레이, 캐스퍼 등)
- 승합차: 9인승 이상(9~11인승 카니발, 스타리아 등)
- 화물차: 트럭, 밴 등

따라서 절세를 목적으로 한다면 9인승 카니발이나 경차를 리스 또는 렌트하는 것이 유리할 수 있습니다.

비용 인정 한도

업무용 승용차 관련 비용은 원칙적으로 연간 1,500만 원까지만 비용으로 인정받을 수 있습니다. 이 한도는 크게 두 가지로 나뉩니다.

감가상각비 한도

차량 구입비(또는 리스/렌트료 중 감가상각 상당액)는 연간 800만 원까지만 인정됩니다.

기타 유지비

유류비, 보험료, 수선비, 자동차세 등은 나머지 한
도 내에서 인정됩니다.

운행기록부 작성

비용을 얼마나 인정받을 수 있는지는 '업무용 승용차 운행기록부' 작성 여부에 따라 달라집니다.

연간 1,500만 원 이하

운행기록부를 작성하지 않아도, 업무용으로 쓴 것으로 간주하여 100% 비용 처리가 가능합니다.

연간 1,500만 원 초과

한도를 넘는 금액에 대해서는 운행기록부를 작성

해야만 업무 사용 비율만큼 비용으로 인정받을 수
있습니다.

업무용 사용금액 계산

업무용 승용차의 경비 인정 금액은 단순히 차를 샀다고 결정되는 것이 아니라, 전체 주행 거리 중 업무를 위해 달린 거리가 얼마나 되는지에 따라 결정됩니다.

기본 계산 공식

총 비용(감가상각비+유지비)에 '업무 사용 비율'을 곱하여 산출합니다.

경비 인정액

=업무용 승용차 관련 총 비용×업무 사용 비율

업무 사용 비율

=업무용 주행 거리÷총 주행 거리

무엇이 '업무용 사용'인가요?

많은 분들이 오해하시는 부분인데, 진료나 왕진 외에 출퇴근도 업무용 사용에 포함됩니다.

인정 범위

출퇴근, 거래처(기공소, 제약사 등) 방문, 금융기관 및 관공서 방문, 학회 및 세미나 참석, 직원 경조사 참석 등 직무와 관련된 모든 운행

불인정 범위

주말 가족 여행, 개인적인 마트 장보기, 골프장 방문(접대 목적 입증 불가 시) 등

계산 예시

'운행기록부를 썼을 때 vs. 안 썼을 때' 연간 차량

유지비로 3,000만 원을 쓴 경우를 가정해 보겠습니다.

사례 1. 운행기록부를 작성하지 않은 경우

○업무 사용 비율을 입증할 수 없으므로 세법상 한도인 1,500만 원까지만 인정됩니다.
○손해: 나머지 1,500만 원은 경비로 인정받지 못하고 날아갑니다.

사례 2. 운행기록부를 작성한 경우(업무 비율 90% 입증)

예를 들어 총 주행 거리 20,000km 중 업무용(출퇴근 포함)으로 18,000km를 탔다고 기록했다면 업무 비율은 90%입니다.

○계산: 3,000만 원×90%=2,700만 원 인정
○결과: 기록부를 썼다는 이유만으로 1,200만 원의 경비를 추가로 인정받을 수 있습니다.

TIP 출퇴근 거리가 멀다면

출퇴근 거리가 먼 원장님일수록 운행기록부를 작성하는 것이 절세에 절대적으로 유리합니다. 출퇴근 운행이 업무 사용에 포함되므로, 거리가 멀수록 업무용 주행 거리가 높게 누적되어 업무 사용 비율이 자연스럽게 상승하기 때문입니다. 따라서 출퇴근 거리가 먼 원장님은 반드시 운행기록부를 작성하여 높은 업무 비율을 입증하고 세법상 한도를 초과하는 금액까지 경비로 인정받는 전략을 취해야 합니다.

감가상각:
5년 정액법 강제 적용

업무용 승용차는 세금을 줄이는 수단으로 악용되는 것을 막기 위해, 사업주 마음대로 비용 처리 시기를 조절할 수 없습니다. 법에서 정한 '5년 정액법'을 강제로 따라야 합니다.

'5년 정액법'이란?

차량 구입 가격을 무조건 5년 동안 똑같은 금액으로 나누어 비용으로 처리해야 한다는 뜻입니다.

계산식

차량 취득가액 ÷ 5년 = 매년 계상해야 할 감가상각비

특징

이익이 많이 난 해에 비용을 몰아서 떨거나, 적자가 난 해에 비용 처리를 미루는 식의 조절이 불가능합니다.

800만 원 한도와의 충돌(초과분 이월)

감가상각비는 연간 800만 원까지만 비용으로 인정됩니다. 만약 차량 가격이 비싸서 5년으로 나눈 금액이 800만 원을 넘으면 어떻게 될까요?

1억 원짜리 차량을 구입한 경우

○ 강제 상각액: 1억 원÷5년=연간 2,000만 원
○ 세법상 한도: 연간 800만 원

이 경우, 장부상으로는 2,000만 원을 비용으로 잡아야 하지만 세무서에서는 800만 원까지만 인정해 줍니다. 그럼 나머지 1,200만 원(초과분)은 사라지는 걸까요? 아닙니다. 다음 해로 계속 이월됩니다. 차값이 비쌀수록 매년 인정받지 못하고 이월되는 금액이 쌓이게 되며, 이를 모두 비용으로 인정받

기까지는 5년보다 훨씬 긴 시간이 소요될 수 있습
니다.

업무 전용 보험 가입 의무

2024년 1월 1일부터는 '업무용 자동차 전용 보험' 가입 의무가 대폭 강화되었습니다. 기존의 성실신고확인대상자뿐만 아니라, 전문직 종사자(의사 포함) 및 복식부기의무자 전체로 대상이 확대되었습니다.

사업자당 1대 가입 제외

세법은 차량의 사적 사용을 방지하고 업무 사용을 명확히 입증하기 위해 '임직원 전용 자동차 보험' 가입을 의무화하고 있습니다. 그러나 이 전용 보험은 운전 가능자를 사업주 및 소속 임직원으로 엄격하게 제한하며, 배우자나 자녀 등 가족의 운전은 보장 대상에서 제외된다는 한계가 있습니다.

이러한 문제로 인해 개인사업자(복식부기의무자, 전문직)가 겪는 현실적인 어려움을 해소하고자, 세법은 다음과 같은 예외 조항을 두고 있습니다.

- 법적으로 사업자당 1대의 업무용 승용차에 대해서는 임직원 전용 보험 가입 의무를 면제합니다.
- 배경: 개인사업자가 업무용 차량을 주말 등 사적 용도(가족 운전)로 겸용하는 현실을 반영한 조항입니다.
- 실익: 사업주는 해당 1대 차량에 대해 일반 상용차 보험(가족 한정 특약 등)을 가입하더라도 세무상 업무용 차량 경비로 인정받을 수 있습니다.
- 활용: 실무적으로는 주말 나들이나 패밀리카 용도로 사용되어 가족의 운행이 불가피한 차량을 이 '제외 대상 1대'로 지정하여 보험 가입의 제약을 피하는 전략이 사용됩니다.

업무 전용 보험 미가입 시 불이익

앞서 설명한 1대를 제외한 나머지 차량은 전용 보험에 가입해야 하며, 이를 위반할 경우 비용 인정에 심각한 불이익을 받게 됩니다.

- 성실신고확인대상자·전문직: 비용의 0% 인정(전액 불인정)
- 일반 복식부기의무자: 비용의 50%만 인정
- 2026년부터: 대상 구분 없이 미가입 시 전액 불인정

구분	일반 업무용 차량(2대째부터)	제외 차량(1대)
가입 보험	임직원 전용 보험(필수)	일반 상용 보험 (가족 한정 등 가능)
운전 가능자	원장, 직원	원장, 직원, 가족, 친구 등(보험 약관따라)
가족 운전 시	사고 보상 불가	사고 보상 가능
비용 처리	가능(미가입 시 불이익)	가능(전용 보험 없어도 OK)

비용 처리 가능 항목

업무용 차량과 관련하여 필요경비로 인정받을 수 있는 항목은 다음과 같습니다. 각 항목별 주의사항을 꼼꼼히 챙겨서 경비 누락을 방지해야 합니다.

감가상각비(차량 구입비 배분액)

연간 800만 원 한도가 적용되며, 5년 정액법이 강제됩니다. 고가 차량일 경우 800만 원 초과분은 다음 해로 이월되어 장기간에 걸쳐 비용 처리됩니다.

임차료(리스료, 렌트료)

리스 또는 렌트료도 실제로는 차량 가치 하락분(감가상각비 상당액)과 기타 비용이 합쳐진 금액입니다. 이 중 감가상각비 상당액에 대해서도 연간 800만 원 한도가 적용됩니다.

유류비(주유비)

반드시 사업자 명의의 카드나 법인 카드로 결제해야 합니다. 1,500만 원 초과 시 운행기록부를 통해 업무 사용 비율을 입증해야 합니다.

보험료 및 자동차세

'1대 제외 차량'을 제외한 나머지 차량은 임직원 전용 보험에 의무적으로 가입해야 합니다. 미가입 시 비용 인정에 불이익이 발생합니다.

수선비(수리비, 소모품 교체비)

엔진오일, 타이어 교체 등 차량 유지보수에 필요한 모든 지출이 포함됩니다. 반드시 적격증빙(세금계산서, 카드 영수증)을 갖춰야 합니다.

통행료(하이패스 등)

가급적 사업용 계좌와 연동된 하이패스 카드를 사용하여 경비 처리 증빙을 용이하게 하는 것이 좋습니다.

금융리스부채 이자비용

차량 구입 명목의 대출이나 금융리스(차량이 자산으로 잡히는 리스)의 이자비용도 경비 처리가 가능합니다.

PART 8

병의원이
적용 가능한
세액공제

세액공제는 세금을 직접 줄여주는 가장 강력한 절세 수단입니다.

소득공제가 과세표준을 줄여주는 것이라면, 세액공제는 산출세액

에서 직접 차감되는 형태입니다.

에서 직접 차감되는 형태입니다.

통합고용 세액공제

통합고용세액공제는 기업이 고용을 증대했을 경우, 그 인건비 부담을 경감시키기 위해 국가가 제공하는 세액공제 제도입니다. 이는 사업자의 중요한 절세 수단으로 활용됩니다.

기본 적용 요건 및 대상

전년도 대비 상시근로자 수가 증가한 기업에게 적용됩니다.

상시근로자의 정의

○ 근로계약 기간이 1년 이상인 근로자

◦ 근로계약 기간이 1년 미만이더라도 계속 근로가 예상되는 근로자

◦ 1개월 소정근로시간 60시간 이상인 단시간 근로자=0.5명

◦ 일정 요건을 갖춘 상용형 시간제 근로자=0.75명

상시근로자 수 계산 방법

상시근로자 수는 평균 근로자 수를 기준으로 계산합니다

상시근로자 수

=매월 말일 현재 근로자 수의 합÷12개월

예시

매월 말일 근로자 수

1월	2월	3월	4월	5월	6월
5명	5명	6명	6명	7명	7명

7월	8월	9월	10월	11월	12월
7명	8명	8명	8명	8명	9명

◦ 합계: 84명

◦ 상시근로자 수: 84명÷12개월=7명

공제 혜택

증가한 근로자 수 1명당 일정 금액을 최대 3년간 세액에서 공제받을 수 있습니다.

공제 기간

○ 증가한 연도부터 3년간
○ 매년 계속 공제 가능

예시

○ 2025년: 5명→8명(3명 증가)
○ 2026년: 8명→10명(2명 추가 증가)
○ 공제 대상: 2025~2027년은 3명에 대한 공제, 2026~2028년은 2명에 대한 추가 공제
○ 총 5명에 대한 공제를 각각 3년간 받음

공제 금액의 차등 적용

통합고용세액공제의 공제 금액은 일률적이지 않습니다. 기업의 유형, 사업장의 입지, 고용된 근로자의 특성이라는 세 가지 주요 기준에 따라 차등적으

로 적용됩니다. 이는 정책적 목적에 따라 특정 기업이나 취약계층의 고용을 더욱 적극적으로 지원하기 위함입니다.

기업 규모에 따른 차등

기업 규모가 작을수록 공제 금액이 가장 높게 책정됩니다. 특히 중소기업은 고용 창출 여력이 상대적으로 낮으므로 가장 큰 혜택을 제공받습니다.

- 중소기업→중견기업→대기업 순으로 공제 금액이 감소

사업장 소재지에 따른 차등

수도권에 비해 상대적으로 고용 활성화가 필요한 지방(수도권 외)에 사업장이 위치할 경우, 공제 금액이 더 높게 책정됩니다. 이는 지역 균형 발전 및 지방 경제 활성화를 지원하기 위함입니다.

고용된 근로자 특성에 따른 우대

일반 근로자보다 청년, 장애인, 경력단절 여성 등 정부가 우대하는 특정 대상을 고용했을 때 공제 금액이 대폭 상승합니다. 청년 등 우대 대상을 고용할 경우, 일반 근로자 대비 1명당 공제 금액이 2배 이상 높아지게 됩니다.

참고로 청년 근로자는 만 15세 이상 34세 이하인 근로자(병역 이행 기간 최대 6년 제외)를 말하며, 이들을 고용할 경우 가장 큰 공제 혜택을 받을 수 있습니다.

통합고용증대세액공제 요약표

구분		중소기업	중견기업	대기업
수도권	일반 근로자	850만 원	450만 원	–
	청년 등 우대 대상	1,450만 원	800만 원	400만 원
지방 (수도권 외)	일반 근로자	950만 원	450만 원	–
	청년 등 우대 대상	1,550만 원	800만 원	400만 원

대부분의 병의원은 중소기업에 해당

대부분의 병원 및 의원은 「조세특례제한법」상 중소기업의 요건을 충족하므로, 통합고용세액공제 적용 시 가장 큰 혜택을 받을 수 있는 대상에 해당합니다.

예시 1: 서울 소재 중소 의원

근로자 증가 예시

기준 연도	상시근로자 수	비고
2024년	5명	전년도 근로자 수
2025년	8명	3명 증가 (공제 대상)

증가 인원 상세

- 청년 정규직(28세, 간호사): 1명(청년 등 우대 대상)
- 청년 외 정규직(38세, 간호조무사): 2명(일반 근로자)

세액공제계산

구분	근로자 수	공제 금액 (서울/중소기업)	세액공제액
청년 정규직	1명	1,450만 원	1,450만 원
일반 정규직	2명	850만 원	1,700만 원
연간 총 세액공제	3명	–	3,150만 원

- 3년간 총 혜택: 3,150만 원×3년=9,450만 원
- 직원 3명 채용으로 약 1억 원의 세금 절감

예시 2: 부산 소재 중소 의원(같은 조건)

구분	근로자 수	공제 금액 (지방/중소기업)	세액공제액
청년 정규직	1명	1,550만 원	1,550만 원
일반 정규직	2명	950만 원	1,900만 원
연간 총 세액공제	3명	–	3,450만 원

○3년간 총 혜택: 3,450만원×3년=1억 350만 원
○서울 대비 900만 원 추가적인 혜택

주의사항 및 제한 사항

통합고용세액공제는 고용 유지 또는 지속적인 증가를 전제로 하므로, 공제 혜택 수령 후 근로자 수가 감소할 경우 세액이 환수되는 제한 사항이 발생합니다.

근로자 수 감소 시 공제액 환수(추징)

공제를 받은 후 해당 과세연도의 종료일로부터 2년 이내에 상시근로자 수가 최초 공제 당시보다 감소할 경우, 그 감소된 인원에 대한 공제액 및 이자 상당액을 추징당합니다. 이는 기업이 단기적인 혜택만을 위해 고용을 일시적으로 늘리는 행위를 방지하고, 지속적인 고용 유지를 유도하기 위한 규정입니다. 따라서 세액공제를 적용받는 기업은 공제 기간 이후에도 근로자 수 관리에 각별히 유의해야 합니다.

PART 9

병의원 원장님
맞춤 금융상품

세액공제와 소득공제를 활용하는 금융상품은 사업자에게 중요한 절세 수단이 됩니다. 특히 소규모 사업자나 개인사업자에게 특화된 상품을 활용하는 것이 유리합니다.

소상공인을 위한 노란우산공제

노란우산공제는 소상공인 및 소기업의 폐업, 노령 등 생계 위협으로부터 생활 안정을 기하고 사업 재기를 도모할 수 있도록 정부가 지원하는 공제 제도입니다.

소득공제 혜택

노란우산공제의 가장 핵심적인 장점은 바로 납입금에 대한 소득공제 혜택입니다. 매년 납입한 금액은 소득 구간별로 정해진 한도 내에서 연말정산 시 소득에서 공제되어, 종합소득세 부담을 크게 줄일 수 있습니다.

해당 연도 소득금액	소득공제 한도액	예상 세율	절세 효과
4,000만 원 이하	600만 원	6.6% ~ 16.5%	39만 6,000원 ~99만 원
4,000만 원 초과 6,000만 원 이하	500만 원	16.5% ~ 26.4%	82만 5,000원 ~132만 원
6,000만 원 초과 1억 원 이하	400만 원	26.4% ~ 38.5%	105만 6,000원 ~154만 원
1억 원 초과	200만 원	38.5% ~ 49.5%	77만 원~99만 원

추가적인 혜택 및 특징

노란우산공제는 소득공제 외에도 다음과 같은 추가적인 장점을 제공합니다.

퇴직금 성격

사업자가 폐업, 사망 등의 사유가 발생했을 때 납입한 금액에 이자를 더하여 일시금으로 지급받을 수 있어, 개인사업자의 퇴직금 역할을 수행합니다.

압류 금지

공제금은 법률에 의해 압류, 양도, 담보 제공이 금지되어 있어, 사업 실패 시에도 최소한의 생활 자금은 보호받을 수 있습니다.

납입액의 유연성

월 5만 원부터 100만 원까지, 1만 원 단위로 자유롭게 납입할 수 있습니다. 연체 시에도 이자 등의 불이익이 없어 사업 환경 변화에 유연하게 대처할 수 있습니다.

연금저축과
퇴직연금저축 세액공제

개인사업자에게 연금저축 계좌와 개인형 퇴직연금(IRP, Individual Retirement Pension)은 노후 자금을 마련함과 동시에 연말정산 시 세액공제를 받을 수 있는 필수적인 절세 상품입니다. 개인사업자는 이 두 계좌에 불입한 금액을 합산하여 연간 최대 900만 원까지 세액공제를 적용받을 수 있습니다.

세액공제 한도 및 규모

연금저축과 IRP 계좌의 납입 한도 및 최대 세액공제액은 다음과 같습니다.

구분	연간 납입 한도	세액 공제율	최대 세액 공제액
연금 저축	600만 원	13.2% ~ 16.5%	79만 2,000원 ~99만 원
IRP (퇴직연금)	900만 원 (연금저축 포함)	13.2% ~ 16.5%	118만 8,000원 ~148만 5,000 원
합산 한도	900만 원	–	최대 148만 5,000원

세액공제율 차등 적용

16.5% 우대 적용

총 급여 5,500만 원 이하(종합소득금액 4,500만 원 이하)인 경우에 해당됩니다.

13.2% 일반 적용

총 급여 5,500만 원 초과(종합소득금액 4,500만 원 초과)인 경우에 해당됩니다.

대부분의 병의원 원장님(고소득 전문직)은 종합소득금액이 4,500만 원을 초과하는 경우가 많으므로, 13.2%의 세액공제율을 적용받게 됩니다.

최적 납입 전략

세액공제를 최대로 활용하기 위해서는 두 계좌의 납입 한도를 정확히 이해하고 금액을 배분해야 합니다.

연금저축 계좌의 한계

연금저축 계좌는 연간 600만 원까지만 세액공제를 받을 수 있습니다.

IRP를 통한 추가 공제

최대 공제 한도인 900만 원을 채우기 위해서는, 연금저축에 600만 원을 우선 불입하고, 나머지 300만 원은 IRP 계좌에 불입하는 것이 가장 효율적입니다.

최대 세액공제 혜택 예시

연금저축(600만 원)+IRP(300만 원)=총 900만 원 납입

사내근로 복지기금

과거 지정기부금은 세금 부담을 완화하는 보편적인 방법 중 하나였습니다. 하지만 요즘 병의원 절세의 최신 트렌드는 사내근로복지기금을 활용하는 것입니다. 이는 복지 증진을 통해 근로자의 만족도를 높이는 동시에, 사업주에게는 강력한 절세 효과를 제공하는 상생형 제도입니다.

사내근로복지기금의 정의 및 목적

사내근로복지기금은 사업체의 순수익 일부를 재원으로 하여, 사업체와는 별개의 법인(비영리법인)으로 설립 및 운영됩니다. 그 목적은 페이닥터, 부장님, 실장님, 간호사, 조무사, 데스크 직원 등 모든 근로자의 생활 안정과 복지 증진에 이바지하는 것입니다.

주요 혜택 및 장점

사내근로복지기금은 근로자와 사업주 양측에 다음과 같은 실질적인 이익을 제공합니다.

구분	주요 혜택	내용
근로자 측면	생활 안정 지원 및 면세	주택 임차 자금 지원, 장학금 지급 등
		지원금에 대해 증여세 일부 면제 및 소득세, 4대 보험 부과 대상에서 면제되는 혜택
사업주 측면	강력한 법인세 절감	기금 출연액 100%를 필요경비로 인정받아 법인세 절세 효과 극대화
	복지 유연성	실질적인 임금 인상 없이 근로자에게 복지 혜택 제공 가능
		다양한 복지 수요에 능동적으로 대처 가능

지정기부금과의 비교를 통한 절세 효과 분석

사내근로복지기금의 강력한 절세 효과는 일반적인 지정기부금과의 세무상 차이점에서 비롯됩니다.

구분	지정기부금	사내근로복지기금	세무상 효과의 우위
정의	법정기부금 외, 정부가 지정한 공익단체에 지출하여 손금 인정이 가능한 기부금	사업체 순수익 일부를 재원으로 하여 설립된 근로자 복지 전용 법인에 출연하는 자금	–
비용 인정 한도	있음(소득의 일정 비율까지만 인정)	없음 (출연금 전액 비용 인정)	사내근로 복지기금
비용 귀속 시기	실제 지출한 때	출연 시점	사내근로 복지기금

지정기부금은 소득 금액의 일정 비율까지만 비용으로 인정받을 수 있어 한도 초과분은 비용으로 부인(불인정)됩니다.

반면 사내근로복지기금은 출연금 전액(100%)을 한도 없이 법인 설립 시점이나 출연 시점에 바로 비용으로 인정받을 수 있습니다.

따라서 기업이 이익 잉여금을 효율적으로 줄여

법인세 부담을 낮추고자 할 때, 출연 시기를 조절하여 전액 손금 산입이 가능한 사내근로복지기금이 지정기부금보다 훨씬 유리한 절세 수단으로 활용됩니다.

PART 10

원장님을 위한
가산세
절세 전략

국세기본법 제47조(가산세 부과)에서는 "세법에서 규정한 의무를 위반한 자에게 이 법 또는 세법에서 정하는 바에 따라 가산세를 부과할 수 있다"라고 규정합니다. '규정한 의무' 즉 제 때, 제 방식으로만 납부해도 가산세에서 벗어날 수 있습니다. 지금부터 가산세를 내게 되는 안타까운 상황에 대해 알아보겠습니다.

무신고 가산세

일반적인 경우

법정신고 기한까지 세법에 따른 국세의 과표를 신고하지 않은 경우에는 무신고납부세액[01]의 20%를 가산세로 납부합니다.

다만, 아래 사업자는 다음 금액을 가산세로 납부합니다.

복식부기의무자 MAX(①, ②)*	① 무신고납부세액×20% ② 수입금액×7/10,000

* MAX (①, ②)는 ①과 ② 중 큰 금액을 낸다는 뜻입니다.

부가가치세 영세율 과표가 있는(영세율 대상 매출이 있는) 경우 (①+②)	① 무신고납부세액×20% ② 영세율과세표준×5/1,000

부정행위인 경우

위 일반적인 무신고가 아닌 부정행위로 과세표준 신고를 하지 않은 경우 무신고납부세액의 40%를 가산세로 납부합니다.

다만, 아래 사업자는 다음 금액을 가산세로 납부하며 국제 거래에서의 부정행위는 60%입니다.

복식부기의무자 MAX(①, ②)	① 무신고납부세액×40% ② 수입금액×14/10,000
부가가치세 영세율 과표가 있는 경우 (①+②)	① 무신고납부세액×40% ② 영세율과세표준×5/1,000

과소 신고 및 초과환급 가산세

일반적인 경우

법정신고기한까지 세법에 따라 신고를 한 경우이나 ① 신고해야 할 세액보다 적게 신고하거나, ② 환급세액을 신고해야 할 금액보다 많이 신고한 경우는 다음 금액을 가산세로 납부합니다.

일반적인 경우	과소신고납부세액×10%
부가가치세 영세율 과표가 있는 경우 (①+②)	① 과소신고납부세액 등×10% ② 과소신고된 영세율과세표준× 5/1,000

부정행위인 경우

위 일반적인 과소 신고 · 초과환급 신고가 아닌 부정행위로 과소 신고한 경우는 아래 두 가지를 합한 금액을 가산세로 납부합니다.

- 부정 과소 신고 가산세=부정행위로 인한 과소 신고 납부세액 등×40%
- 일반 과소 신고 가산세=과소 신고 납부세액 등 ×10%

복식부기의무자 (MAX(①, ②)+③)	① 부정행위로 인한 과소신고납부세액 등×40% ② 부정행위로 과소신고된 과세 표준 관련 수입금액×14/10,000 ③ (과소신고납부세액 등-부정행위로 인한 과소신고납부세액 등)×10%
부가가치세 영세율 과표가 있는 경우 (①+②+③)	① 부정행위로 인한 과소신고납부세액 등×40% ② (과소신고납부세액 등-부정행위로 인한 과소신고납부세액 등)×10% ③ 과소신고된 영세율과세표준×5/1,000

납부지연 가산세

만약 신고기간 내에 세금을 납부하지 않았거나, 내야 할 세금에 미달하게 납부한 경우 또는 환급받을 세액을 초과하여 환급받은 경우에 부과합니다.

① 납부고지서에 따른 납부 기한까지 무납부(과소납부) 세액×3%

② 납부지연 가산세=무납부(과소납부) 세액×0.022%×경과일수

③ 환급지연 가산세=초과하여 환급받은 세액×0.022%×경과일수

※ 경과일수=납부 기한(환급받은 날) 다음 날부터 납부일까지의 일수

가산세
감면

과세표준수정신고서 제출이란?

처음에 신고한 내용에 오류가 있어서 자발적으로 수정 신고하는 것을 말합니다.

기한 후 신고 및 납부는 정해진 기한이 지난 후에 뒤늦게 신고 및 납부하는 것을 말합니다.

가산세 감면이란, 기한이 지났어도 신고를 못한 것을 빠르게 깨닫고 일정 기간 내에 신고하면 가산세(벌금)를 감면해 준다는 이야기입니다. 하지만 세무서가 조사할 것을 미리 알고 급하게 수정 신고한 경우에는 이런 혜택을 받을 수 없습니다.

가산세 감면 기간과 감면율

구분	기간	가산세	감면율(%)
수정 신고	법정신고기한 지난 후 1개월 이내	과소신고 초과환급 가산세	90
	법정신고기한 지난 후 1개월 초과 3개월 이내		75
	법정신고기한 지난 후 3개월 초과 6개월 이내		50
	법정신고기한 지난 후 6개월 초과 1년 이내		30
	법정신고기한 지난 후 1년 초과 1년 6개월 이내		20
	법정신고기한 지난 후 1년 6개월 초과 2년 이내		10
기한 후 신고	법정신고기한 지난 후 1개월 이내	무신고 가산세	50
	법정신고기한 지난 후 1개월 초과 3개월 이내		30
	법정신고기한 지난 후 3개월 초과 6개월 이내		20

PART 11

종합소득세 납부 방법

종합소득세는 개인이 1년 동안 벌어들인 모든 돈에 대해 내는 세금입니다. 사업으로 번 돈, 월급, 은행 이자 등 다양한 수입을 모두 합쳐서 계산합니다.

많이 벌면 더 많이 내요

종합소득세는 많이 벌면 더 많이 내는 구조를 가지고 있습니다. 소득이 커질수록 구간별로 더 높은 세율이 적용되는 구조를 '누진세'라고 합니다.

할인 혜택이 있어요

다양한 방법으로 세금을 깎을 수 있습니다. 이를 '공제'라고 하는데, 소득공제(세금계산 전 수입에서 빼주는 것)와 세액공제(계산된 세금에서 직접 빼주는 것) 두 가지가 있습니다.

이제 종합소득세가 어떻게 계산되는지 알기 쉽게 설명해 드리겠습니다.

종합소득세 계산의 기본 흐름

종합소득세 계산은 다음과 같은 순서로 이뤄집니다.

① 모든 수입 더하기: 1년 동안 벌어들인 모든 돈을 합칩니다.

② 사업 비용 빼기: 사업을 하는 사람은 사업에 쓴 비용을 뺍니다.

③ 소득공제 적용하기: 국가에서 인정하는 지출을 수입에서 뺍니다. (국민연금 등)

④ 과세표준 구하기: 위의 절차를 통해 세금을 매길 기준 금액을 구합니다.

⑤ 세율 적용하기: 내 소득 구간에 맞는 세율을 적용해 세금을 계산합니다.

⑥ 세액공제 및 감면 적용하기: 세금에서 깎아주는 혜택을 적용합니다.

⑦ 가산세 더하기: 일부 의무를 수행하지 않은 경우에 내는 추가 세금을 계산합니다. (현금영수증 미가맹 등)

⑧ 이미 낸 세금 빼기: 미리 낸 세금이 있다면 뺍니다. (11월에 내는 중간예납 또는 3.3%로 이미 징수된 금액 등)

⑨ 최종 납부세액 계산: 실제로 내야 할 세금을 최종 계산합니다.

종합소득금액 산정

종합소득금액은 개인이 1년 동안 얻은 모든 소득을 합친 금액입니다. 다양한 방법으로 번 돈을 모두 더해서 계산합니다.

예를 들어 직장을 다니며 발생한 근로소득이 3,000만 원, 외주 업무나 개인 사업 등으로 발생한 사업 소득이 2,000만 원이라면 종합소득금액은 5,000만 원이 됩니다.

종합소득금액에 포함되는 소득의 종류를 알려드

리겠습니다.

사업소득

개인이 사업을 운영하여 얻는 소득. 가게나 사업체를 운영해 번 돈(자영업자), 프리랜서로 일해서 번 돈, 건물 임대로 번 돈 등을 말합니다.

근로소득

회사에서 근무하고 받는 월급, 상여금, 수당 등 회사나 기관에서 일한 대가로 받은 모든 금전적 보상을 포함합니다.

이자소득

금융 자산에서 발생한 이자 수익. 예금 이자, 채권 이자, 대출 이자 등 금융상품이나 금전 대여를 통해 얻은 수익을 포함합니다. (단, 이자 및 배당 소득금액이 2000만 원 초과 시에만 종합소득으로 합산됨)

배당소득

주식이나 배당으로 얻은 소득. 회사가 주주에게 나눠주는 이익금, 투자한 곳에서 받는 배당을 말합니다. (단, 이자 및 배당 소득금액이 2,000만 원 초과 시에

만 종합소득으로 합산됨)

연금소득

국민연금, 공무원 연금, 사적연금(퇴직연금, 개인연금) 등에서 발생하는 소득.

기타소득

자문해 주고 받은 돈, 강연하고 받은 돈, 상금이나 경품 및 복권 당첨금 등.

이렇게 다양한 방법으로 번 돈을 합쳐서 종합소득 금액을 계산합니다.

필요경비 차감

돈을 벌기 위해 사업에 쓴 비용은 소득에서 뺄 수 있습니다. 이를 '필요경비'라고 합니다.

예를 들어 1년에 5,000만 원을 벌었는데 사업에 쓴 비용이 3,000만 원이라면 실제로 세금이 매겨지는 금액은 2,000만 원이 됩니다.

소득세 비용 처리가 되는 항목들

○ 인건비
○ 월세
○ 비품, 컴퓨터, 핸드폰 구입 비용
○ 인테리어 비용
○ 식사 비용, 접대비

소득공제 적용

소득공제는 세금을 계산할 때 소득에서 일정 금액을 빼는 혜택입니다.

다양한 소득공제가 있으며 기본 공제 외에도 특별한 요건을 충족하면 추가 공제를 받을 수 있습니다.

주요 소득공제 항목은 다음과 같습니다.

기본공제

본인, 배우자, 부양가족 1인당 150만 원 공제. 단, 소득 요건과 나이 요건에 맞는 배우자, 부양가족만 공제 가능합니다.

○ 자녀: 만 20세 이하.

- 부모, 조부모: 만 60세 이상.
- 소득 요건: 연간 소득금액 100만 원 이하. 만약 근로소득만 있다면 총 급여 500만 원 이하.

추가공제

- 경로우대공제: 기본공제 대상자 중 만 70세 이상 자가 있다면, 1명당 연 100만 원을 추가 공제해 줍니다.
- 장애인공제: 기본공제 대상자 중 장애인이 있으면 1명당 연 200만 원을 추가 공제해 줍니다.
- 부녀자공제: 종합소득금액 3,000만 원 이하이면서 ① 미혼+부양가족이 있는 경우, ② 기혼+배우자가 있는 경우 연 50만 원을 추가로 공제해 줍니다.
- 한부모공제: 배우자가 없는 자가 기본공제 대상자로 자녀 또는 입양자가 있는 경우 연 100만 원을 추가 공제해 줍니다.

과세표준 산출

세금 계산의 기준: 과세표준 알아보기

과세표준은 실제로 세금을 매기는 기준이 되는 금

액입니다. 쉽게 말해 "이만큼의 돈에 세금을 매길 게요"라고 정하는 금액입니다. 과세표준은 다음과 같이 계산합니다.

과세표준=종합소득금액-소득공제

앞서 설명했듯이 종합소득금액은 개인이 1년 동안 얻은 모든 '소득'을 합친 금액입니다. 소득은 '매출-비용'이고요. 과세표준은 그 종합소득금액에서 소득공제까지 완료한 금액을 말합니다.

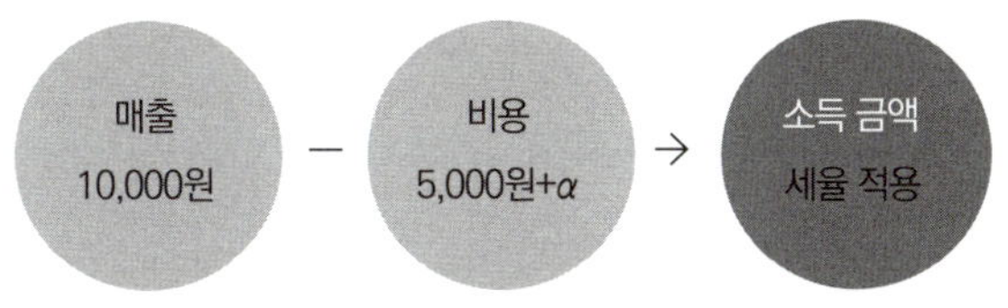

소득금액(과세표준)	세율	누진 공제액
1,400만 원 이하	6%	–
5,000만 원 이하	15%	126만 원
8,800만 원 이하	24%	576만 원
1억 5,000만 원 이하	35%	1,544만 원
3억 원 이하	38%	1,994만 원
5억 원 이하	40%	2,594만 원

| 10억 원 이하 | 42% | 3,594만 원 |
| 10억 원 초과 | 45% | 6,594만 원 |

　예를 들어 1년 동안 5,000만 원을 벌었고, 여러 가지 비용과 소득공제를 합친 금액이 3,000만 원이라면 '5,000만 원-3,000만 원=2,000만 원', 이렇게 계산된 2,000만 원이 바로 과세표준입니다. 이 금액에 세율을 곱해서 실제 내야 할 세금을 계산하게 됩니다.

세금 계산 방법: 쉬운 예시로 이해하기

과세표준 4700만 원을 예로 들어 설명해 보겠습니다. 세금 계산은 단계별로 이루어집니다. 마치 층계를 올라가듯이, 금액마다 다른 세율이 적용됩니다. 단계별 세금 계산 과정은 다음과 같습니다.

① **첫 번째 구간(1,400만 원까지)**
- 1,400만 원×6%=84만 원
- 첫 1,400만 원에 대해서는 6% 세율이 적용됩니다.

② 두 번째 구간(1,400만 원 초과~5,000만 원 이하)

◦ (4,700만 원-1,400만 원)×15%=495만 원

◦ 1,400만 원을 넘는 부분(3,300만 원)에 대해서는
15% 세율이 적용됩니다.

③ 총 내야 할 세금(산출세액)

◦ 84만 원+495만 원=579만 원

◦ 각 구간의 세금을 모두 더하면 최종적으로 내야
할 세금이 됩니다.

이렇게 수입이 많아질수록 더 높은 세율이 적용되
는 '누진세' 방식으로 세금이 계산됩니다.

세액공제 및 세액감면 적용

◦ 기장세액공제
◦ 외국납부세액공제
◦ 재해손실세액공제
◦ 배당세액공제
◦ 근로소득세액공제
◦ 전자신고세액공제

○ 성실신고확인비용세액공제
○ 중소기업특별세액감면 등

가산세 적용

무신고 가산세, 과소 및 초과환급 신고 가산세, 납부지연 가산세, 증빙불비 가산세, 무기장 가산세 등이 있습니다.

기납부세액

중간예납세액, 수시부과세액, 원천징수세액 등입니다.

최종 납부(환급)할 세액

앞서 설명한 과정을 모두 거쳐 나온 마지막 금액이
최종 납부세액입니다.

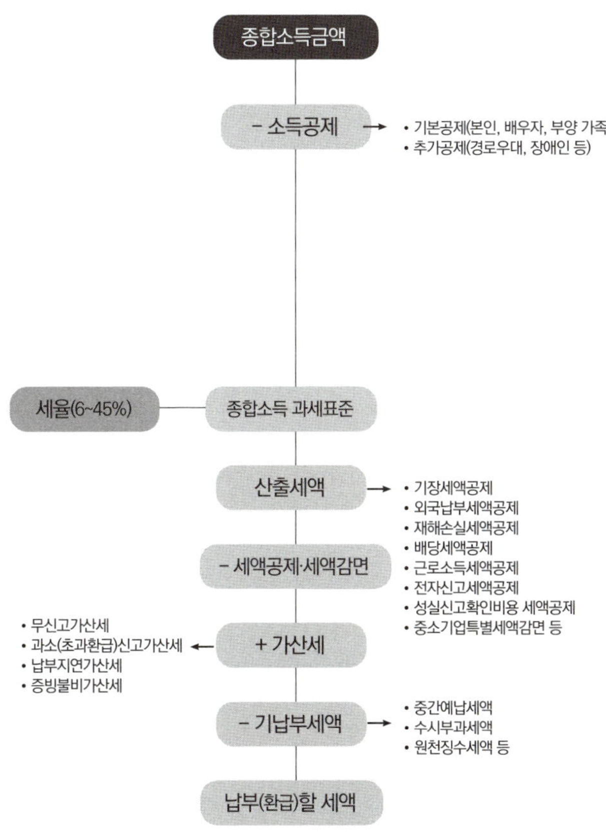

병의원의 성적표, 손익계산서 쉽게 읽는 법

손익계산서란?

손익계산서는 사업체가 일정 기간 동안 얼마나 돈을 벌었고, 얼마나 썼는지 보여주는 '성적표'입니다. 마치 가계부처럼 수입과 지출을 모두 기록해 놓은 거죠.

왜 손익계산서를 읽어야 할까?

손익계산서를 읽으면 다음과 같은 중요한 정보를 알 수 있습니다.

◦ 어디에 돈을 많이 쓰고 있는지

◦ 지난해보다 지출이 얼마나 증가하고 감소했는지

◦ 회사가 실제로 돈을 벌고 있는지

아래는 이해를 돕기 위한 간단한 손익계산서 예시입니다.

손익계산서 예시

과목	금액(원)	비고
상품 매출	700,000,000	매출 총계액
매출원가 (기초상품매입액+당기 상품매입액-기말상품매입액)	280,000,000	매출에 대응하는 상품원가
기초 상품 매입액	10,000,000	작년에 넘어온 재고 금액
당기 상품 매입액	300,000,000	올해 구입한 상품 매입 총액
기말 상품 매입액	30,000,000	올해 남은 상품 재고 금액
매출총이익	420,000,000	매출총액-매출원가
직원 급여	36,000,000	4대보험 가입자 원천세 신고한 급여액
상여금	2,000,000	4대보험 가입자 원천세 신고한 상여액
복리후생비	6,000,000	식비, 간식비용
여비교통비	1,000,000	교통비, 출장비, 출장숙박비

접대비	3,000,000	경조사, 일반 식비로 분류하기 어려운 부류 (골프장, 면세점, 20만 원 이상 식사류 등)
통신비	1,200,000	우체국, 휴대폰, 인터넷 비용
수도·광열비	300,000	상수도, 가스비 등
전력비	1,000,000	전기료
세금·공과금	800,000	직원 대표자 국민연금, 지방세 등
감가상각비	2,000,000	비품에 대한 감가상각비
지급 임차료	9,600,000	임대료
보험료	1,600,000	사업주 부담 산재보험, 고용보험, 화재보험 등
차량유지비	3,800,000	유류비
운반비	51,000,000	택배, 운송료 등
도서인쇄비	200,000	명함, 현수막, 도서 등
소모품비	40,000,000	마트, 다이소, 편의점 등 소모품비용
지급수수료	40,000,000	플랫폼 수수료, 각종 지급하는 수수료
광고선전비	40,000,000	홍보, 광고, 마케팅 등
외주비	1,000,000	3.3% 사업소득자 원천세 신고 급여
영업이익	**215,500,000**	**매출총이익–판매비와 관리비**
영업외수익	8,000,000	영업 외의 수익들
잡이익	3,000,000	단수차액, 부가세 신용카드 발행세액공제, 두루누리 지원금 등
국고보조금	5,000,000	각종 정책 지원금
영업외비용	0	영업외비용 총액

이자 비용	1,200,000	대출 이자
기부금	2,000,000	기부금 지출 금액
잡손실	0	과태료, 단수 차액 등
당기순이익	220,300,000	(영업이익+영업외수익−영업외비용)

손익계산서 맨 아래쪽에 나온 '당기순이익'이 보이시나요? 이것은 회사가 모든 비용을 제외하고 실제로 벌어들인 순수한 이익입니다. 종합소득세는 바로 이 당기순이익을 기준으로 계산됩니다. 다만, 여기에 몇 가지 세금 관련 조정 사항이 더해지거나 빠질 수 있습니다.

세금 계산의 마지막 단계: 회계장부와 세금장부의 차이

회사의 실제 수익에서 세금법에 맞게 약간의 조정을 한 후에 최종 세금이 계산됩니다. 이런 조정 과정을 '세무조정'이라고 합니다.

세무조정이 필요한 이유: 예시로 알아보기

- 회계장부상: 손님 접대에 쓴 비용(접대비)이나 기부금은 얼마를 써도 다 비용으로 인정받을 수 있습니다.
- 세금장부상: 소득세법에서는 접대비와 기부금에

한도가 있습니다. 이 한도를 넘어가는 금액은 비용으로 인정받지 못합니다.

즉, 회사가 접대비로 5,000만 원을 썼는데 세법상 한도가 3,600만 원이라면 나머지 1,400만 원은 비용으로 인정받지 못하고 이익에 다시 더해져 세금을 내야 합니다. 이렇게 장부상 이익을 세금법에 맞게 고치는 과정이 바로 '세무조정'입니다. 보통 세무조정의 경우 세무 대리인을 통해 진행하게 됩니다.

PART 12

법인세의 특징

법인세는 법인이 번 돈에 대해 내는 세금입니다. 소득세와 마찬가지로 여러 항목을 고려한 후 최종적으로 납부할 세액을 계산합니다. 법인세 또한 누진세율 구조로 되어 있으며 세액공제와 감면을 적용해서 최종 법인세가 계산됩니다.

법인세 계산
이렇게 됩니다

전체적인 법인세 계산 흐름을 정리한 표입니다.

단계별 법인세 계산법

구분	항목
	법인결산상 당기순이익
+ (세무 조정)	익금산입 및 손금불산입
− (세무 조정)	손금산입 및 익금불산입
=	각 사업연도 소득금액
−	이월결손금
−	비과세 소득
−	소득공제

=	법인세 과세표준
×	세율 적용
=	법인세 산출세액
−	감면세액
−	세액공제
+	가산세
+	감면분 추가 납부세액
=	총 부담세액(납부할 법인세액)
−	기납부세액(중간예납, 수시부과세액, 원천징수세액)
=	신고납부세액

주의!
순이익과 회계장부 관리

법인 결산상 당기순이익

법인 당기순이익은 개인과 마찬가지로 법인이 한 해 동안 실제로 벌어들인 순수 이익을 말합니다. 간단히 말해 '총수익-총지출=순이익'입니다.

개인과 법인 차이점

- 개인: 법에서 정해놓은 특정 소득에만 세금 부과
- 법인: 어떤 방식으로든 벌어들인 모든 수익에 세금 부과

총 수익이란?

총 수익은 법인이 1년 동안 벌어들인 모든 돈을 합친 금액입니다.

총 수익에 포함되는 것들

- 주된 사업으로 번 돈: 서비스 제공, 제품 판매 등
- 이자로 번 돈: 은행 예금이나 채권에서 발생한 이자
- 투자로 번 돈: 주식 배당금
- 자산 팔아서 번 돈: 부동산이나 설비를 팔아 생긴 이익

법인 세금 계산의 조정 사항

법인세 또한 회계장부와 법인세법의 차이를 조정해야 합니다.

익금산입

회계장부엔 수익으로 기록되지 않았지만 법인세법에서 '이건 수익'이라고 말하는 항목.

익금불산입

회계장부에는 수익으로 기록됐지만, 법인세법에서는 '이건 세금 매길 수익이 아니야!'라고 말하는 항목. (예: 법인세 환급금)

손금산입

회계장부에는 비용으로 기록되지 않았지만, 법인세법에서는 '이건 비용으로 인정해 줄게!'라고 말하는 항목.

손금불산입

회계장부에는 비용으로 기록됐지만, 법인세법에서는 '비용으로 인정 못해!'라고 말하는 항목. (예: 벌금, 과태료, 한도 초과 접대비, 법인세 비용, 업무 무관 자산 이자 등)

과세표준 산출

익금과 손금 조정을 통해 최종 과세표준을 계산합니다. 과세표준은 법인세를 부과할 기준이 되는 소득 금액입니다.

**과세표준= 각 사업연도 소득금액-이월결손금
-비과세소득-소득공제**

세율 적용

과세표준에 따라 법인세율을 적용하여 산출세액을 계산합니다. 한국의 법인세율은 과세표준에 따라 누진적으로 적용되며, 2025년 기준 법인세율은 다음과 같습니다.

2025년 기준 법인세율

과세표준	세율	누진공제
2억 원 이하	9%	-
2억 원 초과 200억 원 이하	19%	2,000만 원
200억 원 초과 3,000억 원 이하	21%	4억 2,000만 원

세액공제 및 세액감면 적용

법인세를 계산한 후에도 여러 가지 방법으로 세금을 깎을 수 있습니다. 이를 '세액공제'나 '세액감면'이라고 합니다. 세금을 깎아주는 대표적인 항목들은 다음과 같습니다.

- 연구인력개발비 세액공제: 회사가 새로운 기술이나 제품을 개발하기 위해 쓴 돈의 일부를 세금에서 깎아줍니다.
- 통합고용 세액공제: 직원을 채용하면 그에 대한 보상으로 세금을 깎아줍니다. 일자리 창출을 장려하고 고용을 늘리는 회사에 혜택을 주는 제도입니다.
- 창업중소기업 세액감면: 새로 시작한 회사들이 자리를 잡을 수 있도록 세금 부담을 줄여줍니다.

세액공제나 감면은 각각 계산 방법과 혜택이 다릅니다. 회사의 상황에 맞는 항목을 잘 활용하면 최종적으로 내야 할 세금을 크게 줄일 수 있습니다.

최종 납부세액 결정

최종 납부세액은 처음 계산한 세금에서 여러 가지 혜택과 이미 낸 세금을 모두 뺀 후, 실제로 내야 할 세금을 말합니다.

최종 납부세액= 산출세액-세액공제-이미 낸 세금

쉽게 말해 처음에 계산한 세금에서 받을 수 있는 모든 할인과 미리 낸 세금을 빼고 남은 금액이 실제로 납부해야 할 최종 세금입니다.

마치며

병의원 전문 세무사가
필요한 이유

진료실 밖을 나서는 순간, 원장님은 환자를 치료하는 의사이면서 동시에 병의원을 운영하는 경영자가 됩니다. 그리고 경영의 첫 관문은 언제나 세금입니다. 아무리 매출이 높아도 비용 구조가 정돈되어 있지 않다면 예상보다 많은 세금을 부담하게 되고, 정작 손에 쥐는 금액은 생각보다 적어 허탈함을 느끼게 됩니다.

병의원 경영은 종종 '세금과의 균형을 잡는 줄다리기'와도 같습니다. 하지만 변화가 빠른 세법을 공부하고 이를 실무에 적용하는 일은 결코 단순하지 않습니다. 원장님의 본업은 환자를 치료하는 것이지, 세무 전문가가 되는 것이 아니기 때문입니다.

이 책을 통해 원장님은 병의원 세무의 핵심 구조

와 재무 관리의 기본 원리를 이해하셨을 것입니다. 이제 남은 과제는, 이러한 원칙을 실제 경영 환경에 맞게 적용해 줄 믿을 만한 파트너를 선택하는 일입니다. 병의원 특성을 이해하고 현실적인 절세 전략을 함께 고민해 줄 전문가가 있다면, 원장님은 보다 안정적으로 진료에 집중할 수 있을 것입니다.

좋은 세무 파트너는 단순히 신고만을 대신하는 사람이 아니라, 병원의 성장 단계와 상황을 함께 읽고 최적의 방향을 제시하는 조력자입니다.

원장님의 병원이 더욱 건강하게 성장하고, 불필요한 세금 부담에서 벗어나 환자 치료라는 본업에 온전히 집중하실 수 있기를 진심으로 응원합니다.

법무법인 엑스퍼트
이주현 세무사

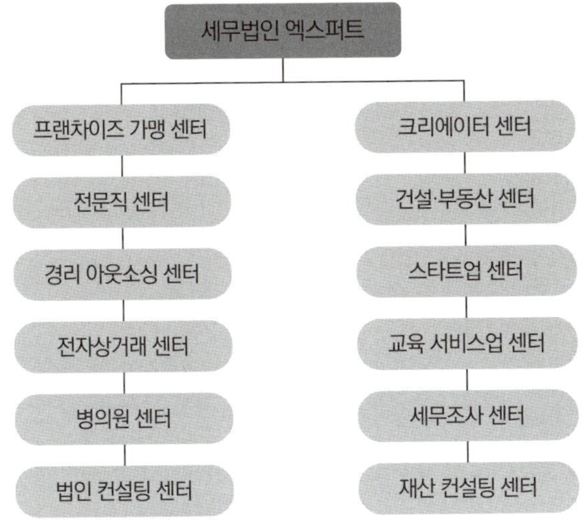

- **엑스퍼트 지점**(임직원 80명, 소속 세무사 15명)
  - 본점: 크리에이터, 건설·부동산 센터
  - 마포점: 프랜차이즈 가맹점, 음식점 센터
  - 논현점 및 성수점: 가업 승계 및 재산 컨설팅 센터
  - 화성동탄점: 경리 아웃소싱 센터
  - 강남점: 전자상거래, 스타트업 센터
  - 안양점: 학원, 전문직 센터
  - 창원점 및 청담점: 병의원 전문 센터
  - 강남구청점: 세무조사 및 조세불복 센터

공짜로는 알 수 없는 절세 비법 병의원

초판 1쇄 인쇄 2025년 12월 17일
초판 1쇄 발행 2025년 12월 26일

지은이 이주현
발행인 선우지운

편집 이주희
표지디자인 공중정원
본문디자인 김민주
제작 예인미술
출판사 여의도책방

출판등록 2024년 2월 1일(제2024-000018호)
이메일 yidcb.1@gmail.com
ISBN 979-11-995683-4-1 (03320)